说曹操

魏武风华

成语·故事

张更明◎著

中国文史出版社
CHINA CULTURAL AND HISTORICAL PRESS

图书在版编目（CIP）数据

魏武风华：成语·故事说曹操 / 张更明著. -- 北京：中国文史出版社，2020.11

ISBN 978-7-5205-2467-4

Ⅰ.①魏… Ⅱ.①张… Ⅲ.①曹操（155-220）-生平事迹-通俗读物 Ⅳ.①K827=342

中国版本图书馆 CIP 数据核字（2020）第 212894 号

责任编辑：金硕

出版发行：**中国文史出版社**

社　　址：北京市海淀区西八里庄路 69 号院　　邮编：100142

电　　话：010-81136606　81136602　81136603　81136605（发行部）

传　　真：010-81136655

印　　装：北京温林源印刷有限公司

经　　销：全国新华书店

开　　本：660×950　1/16

印　　张：13.75

字　　数：200 千字

版　　次：2021 年 1 月北京第 1 版

印　　次：2021 年 1 月第 1 次印刷

定　　价：46.00 元

Preface

序言

拙作《魏武风华》终于落笔付梓，了却了我的一桩心事。

此前，我曾创作了两部以曹操为主人公的长篇历史小说。一部是大象出版社出版发行的《魏武挥鞭》，一部是河南文艺出版社出版发行的《梦回邺城》。前者全面展示了曹操一生，后者详细描述了曹操最后十六年在邺城的生活。如果说前者是曹操的一部“通史”，那么后者便是曹操的一部“断代史”。

曹操高陵位于古都安阳。在这方古老的土地上，有关曹操的生活和征战的遗址星罗棋布，有关曹操的传说故事不胜枚举，有关曹操的成语典故数不胜数。我在安阳县委宣传部工作了二十七年，长期从事新闻工作，对曹操非常熟悉，一直想用成语故事的形式来展现一代枭雄曹操一生的主要经历、精彩细节和卓越才能。这样，一来可以使人们进一步认识曹操、了解曹操、熟悉曹操；二来可以为广大青少年提供一本普及读物，使他们从中领略到丰富的历史知识，汲取曹操的超人智慧和卓越才干。

长期以来，由于工作和事务繁忙，出这本书始终未能如愿。今年春节期间，新冠肺炎疫情暴发，我和大家一样被封闭在家，给了自己难得的机会。于是我独坐书房，殚精竭虑，精心写作。经过八个多月的努力，终于定稿，完成了我多年的夙愿。

应当指出的是，“成语故事说曹操”是为了全面而真实地展示一个多才多艺、超群拔类的曹操。个别成语虽不是直指曹操，但是与曹操相关。如“援笔立成、下笔成章，华屋丘墟、七步之才”是说曹植的，这是为了表现曹操教子有方。他注重欣赏子女的优点，终于使曹植成就非凡，名极一时，曹操的做法值得所有家长学习。“小巫见大巫”出于陈琳为曹操写《军机论》的故事，是从侧面赞美曹操。“巧夺天工”指甄氏，是为了表现曹操“爱美人更爱江山”的个性特征。“分香卖履”是从曹操《遗令》中提炼出来的，是为了表现曹操去奢求俭、厉行节约的品格。“七十二疑冢”是曹操死后之事，为了使人物更加完整。同时还有“三字格”“六字格”成语，即“想当然”“说曹操，曹操到”两例。

在成书过程中，为了便于成语运用，加了部分例句。同时，站在读者角度，笔者又查阅资料，加了部分注解并特意附录了曹操名诗赏析，希望对读者理解这些成语故事和全面认识曹操的文韬武略有所帮助。

在本书付梓之际，我自当感谢通过种种方式帮助我的朋友。殷都区文联党组书记张晓鹏，安阳市诗词学会主席程清明，我的好友李好书、王建强、袁方、李铁生、韩进、姚文亮等给我提出了很好的建议，给予了热情鼓励，在此一并表示衷心谢意。

由于才疏学浅，水平有限，不妥之处，在所难免。恳请广大读者和方家不吝指正，以便再版时臻于完善。

张更明

于 2020 年仲冬

Contents

目录

成语

故事

成语

飞鹰走狗

语出《曹瞒传》："太祖少好飞鹰走狗，游荡无度，其叔父数言之于嵩。太祖患之。"飞鹰走狗：放出鹰狗去追捕鸟兽，指打猎游荡的生活。叔父：即曹褒，时任颍川太守；嵩：曹操父亲；患：忧虑担心。此句的意思是：曹操小时候喜欢放鹰狗捕捉鸟兽，游荡顽皮，毫无节制。他的叔父曹褒经常在曹嵩面前说曹操不务正业的事，曹操十分担心。

曹操从小不遵守礼俗，行为放荡，喜欢飞鹰走狗，围猎比武，放任自流。从南朝刘义庆《世说新语》和梁代刘昭《幼童传》[1]记载曹操幼年的两则故事中颇能说明这一点。

一则是曹操和袁绍有一天观看别人的婚礼，打算将新娘子抢走。他俩先溜到主人的花园中藏了起来，等天色全黑下来，曹操使出一个调虎离山之计，猛地放声大喊："有小偷。"参加婚礼的人从屋中跑了出来，到处追赶。曹操趁机钻入青庐[2]，手持钢刀威逼着新娘跟他走出来，同袁绍会合。就在他们照着原路逃回时，匆忙之间没看清路，袁绍一下掉进了带刺的灌木丛中，怎么也动弹不了。曹操情急智生，又大喊一声"小偷在这里"。袁绍一急，也不知从哪儿来的力气，一下子就从灌木丛中蹦了出来，于是两人一起逃跑了。

另一则是曹操小时候独斗蛟龙的故事。曹操十岁时，独自在涡河中游泳，突然间有蛟龙向他游来。曹操不仅没有后退，反而奋力进击。蛟龙无机可乘，只得悄悄地溜走。曹操事后没有跟任何人提起这件事，后来有人看见一条大蛇，吓得往后狂奔。曹操看见了，不由得笑道："我碰见蛟龙都没有害怕，你这个人看见一条蛇，怎么害怕成这个样子？"众人听了，赶紧连声追问，才知道了底细。人们知道了这件事，无不对曹操的勇敢感到惊讶。

从这两则故事来看，曹操在少年时，既勇敢机智，又善于应变，确有过人之处。尤其从前一个故事中，可以看出曹操在小时候就是一个行为诡异、放荡不羁、十分顽皮的人。从某种意义上看，这正是他智慧的闪光点，是不同常人聪明的体现。

飞鹰走狗：原指放出鹰狗去追捕鸟兽，指打猎游荡的生活。多用于指人游手好闲、不务正业。

例句：凭着祖宗的荫庇，廖谷继承了爵位和长安城里的几处产业，整日里飞鹰走狗，倒也活得滋润。

注释

[1]《幼童传》，书名。南朝梁时平原高唐（今属山东）刘昭撰。共十卷。《隋书·经籍志》有著录。《初学记》（天部、人事部）、《北堂书钞》（天部）、《后汉书注》（《蔡琰传》注）、《太平御览》（人事部）等书皆曾征引此书资料。

[2]青庐：青布搭成的帐篷，是举行婚礼的地方。东汉至唐有此风俗。北方一带，拜堂有在“青庐”中举行的。所谓“青庐”，就是在住宅的西南角“吉地”，露天设一帐幕，新娘从特备的毡席上踏入青庐。

命世之才

语出《三国志·武帝纪》：玄谓太祖曰：“天下将乱，非命世之才不能济也。”这句是战功卓著、朝中三公的梁国桥玄[1]见曹操时说的话。

曹操少时虽行为放荡，桀骜不驯，但他却留心国家大事。稍长，他对宦官弄权大兴党狱、清正之士被诬陷害、奸佞之徒受提拔重用的现实十分不满，眼看朝廷衰弱，国家将乱，他决心尽自己的最大努力，去干一番拨乱反正，救时补偏的事业。

为了实现自己的理想抱负，曹操在博览群书，习武健身的同时，很注重结交天下名士，提高自己的声望。

当时社会上流行一种清政之风。所谓清政，实际上是一种舆论方面的鉴定。汉代用人非常注重舆论的评价，其用人的标准，主要是依靠地方上的评议而选拔。被舆论称誉的士人，才有可能成为征辟察举的对象。曹操非常清楚这一点，他千方百计进行多种活动。

曹操在少年时候就与袁绍结交，但时间一长，两人之间生了隔阂，到袁绍、袁术的母亲死后归葬时，曹操还是不计前嫌，同他的好友王俊一同去参加葬礼。

王俊，字子义，汝南人，和袁绍是同乡，很有才华，在当时名士、“党人”中名望很高。王俊也很欣赏曹操，认为他有治世才能。

袁家是世代做高官的名门望族，这次葬礼举行得非常隆重，参加的达3万人之多。场面很奢侈，耗费大量钱财。曹操见状，对此十分不满，私下对王俊说：“天下将要大乱，倡乱的罪魁祸首肯定是这两个人。要想安济天下，为百姓解除掉痛苦，不除掉这两人是不行的。”王俊点头表示同意。说：“我赞同你的说法，能够安济天下的人，除了你还有谁呀！”说罢，两人对视大笑。

颍川李瓒是“党人”领袖李膺之子，后来做过东平国相。曹操同他交往，彼此了解很深。李膺非常赞赏曹操的才能，临终对儿子李宣说：“国家将要大乱，天下英雄没有一个能超过曹操的。张孟德（张邈）是我的朋友，袁本初（袁绍）是你的外亲。虽然如此，你也不要依附他们，一定要去投靠曹操。”

南阳何颙[2]，字伯求，在朝中声望很高，曹操特意几次前去拜访，和他一起谈孔学、论百家、说《诗经》、讲兵法，说得头头是道。他分析评论朝中大事，很有见地，表现出了渊博的知识和治国的才能。何颙私下对别人说：“汉家气数将尽，能够安天下的必是这个人。”

中常侍之首张让威权煊赫，骄横跋扈，不仅自己把持朝政，而且把他的王兄子弟都安排在州郡做官。每天去他府前要求拜见的车辆络绎不绝，常常数百上千辆车排成一条长龙。当年轻气盛的曹操了解到这些情况后，不禁暗自发狠，打算一试身手，制造一起爆炸性的奇闻来警醒人们。

一天晚上，曹操趁月黑风高，轻装潜入张让府中。可是当他正要闯进张让居室下手的时候，却被张让察觉，他大呼捉拿刺客。曹操仗着平时的功夫，“乃舞戟于庭，逾垣而出”。这次行动在朝中引起极大震动，曹操在士人中的名声就更大了。

在当时的诸多名士中，许劭[3]是一个非常有影响的人物。谁要是能获得他的好评，会对自己的仕途产生十分有利的影响。曹操为了取得许劭的好评，先去拜访评论界很有权威的大名士桥玄。

桥玄，字公祖，梁国睢阳人，历任曹国相、太守、长史、少府、大鸿胪、司空、尚书令等职。他为官清廉，深为百姓敬戴。桥玄为人谦恭，善于识人。他一见曹操虽然“姿貌短小”但“神明莫发”，十分惊异。经过交谈之后，更暗自叹服他的学识非同凡响，不禁脱口而出：“现在天下将要变乱，不安排济世的人才是不可能使天下安定下来的，能够安定天下的大概就是你了。”停了一下，他又说，“我见过的天下名士多了，没有一个像你这样的。你要好好努力，我已经老了，愿意把妻子儿女托付给你。”不久，曹操娶桥玄女儿为妻，在仕途上又多了重要基石。

许劭，字子将，汝南平舆人，以名节自我尊崇，不肯应诏出来做官。他善于辨别评述人物，是当时人们推举清议的权威人物。谁要是能够得到许劭的赞誉，谁就能身价倍增。曹操由于桥玄的推荐，也由于自己对许劭慕名已久，因此不止一次带着厚礼，赔着笑脸去拜访许劭，请求许劭对自己称誉一番。许劭每月初一都要把所知道的人物重新评议一番，叫作“月旦评”。许劭一方面感到曹操与众不同，另一方面大概对曹操飞鹰走狗的放荡行为有所了解，因此拒不作答。曹操却是坚决不放松，一再要求。许劭没有办法，只好说：你是一个太平时代的能臣，动乱时代的奸雄。曹操一听，感到非常开心，哈哈大笑而去。

由于争取到了众多名士替自己激扬名誉，曹操引起了士大夫集团越来越广泛的注意，这对他跻身官场，步入仕途起了很大的作用。

命世之才：是当时桥玄对曹操的评价。原意是名高一世的才能之士，后人用来比喻才华卓越，能够力挽狂澜、稳定大局的人。多指名望才能为世人所推崇敬重的杰出人才。

例句：你是有口皆碑的命世之才，应该大显身手，一展宏图呀！

注释

[1]桥玄，字公祖，梁国睢阳人。桥玄年轻时做过县功曹，因坚持追究陈国相羊昌的恶行而闻名。后被举为孝廉，补洛阳左尉。

灵帝初年，桥玄被征召为河南尹，转任少府、大鸿胪。建宁三年(170)，升为司空，转任司徒。光和元年（178)，升任太尉。

桥玄在光和七年（184）死去，时年75岁。

[2]何颙（？—190)，字伯求，东汉末年名士，南阳襄乡（今湖北枣阳）人。第二次党锢之祸爆发之时被宦官诬陷，逃亡汝南郡境内。党祸解除后出任中央要职，累次升迁。后参与谋刺董卓事件，未果，忧愤死去。

[3]许劭（shào）（150—195)，字子将。汝南平舆（今河南平舆县射桥镇）人。东汉末年著名人物评论家。据说他每月都要对当时的人物进行一次品评，人称“月旦评”。曾任汝南郡功曹，后南渡投靠扬州刺史刘繇。刘繇被孙策击败后，许劭随其逃往豫章郡，并在豫章去世。

曹操献刀

见罗贯中《三国演义》第四回：“废汉帝陈留践位　谋董贼孟德献刀”。

公元189年，曹操35岁，血气方刚，年富力强，任骁骑校尉。当时董卓专权，横行朝中，他摔死太后，绞死唐妃，毒死少帝，每夜入宫，奸淫宫女，夜宿龙床，无恶不作。有一次，他率兵经过阳城。村民正在进行社火比赛，前来围观者男女云集。董卓悍然下令兵士围住所有人，全部杀掉。董卓部下把村中财物抢劫一空，装到车上，又将千余颗人头挂在车旁，一路回到洛阳，扬言征讨反贼大胜而归，最后竟在城门之外将人头全部烧掉，将妇女和财物分给部下。

董卓荒淫残暴，恶贯满盈，朝廷中很多忠诚耿直之臣对他恨之入骨，都千方百计要除掉董卓，但却没有成功。

曹操疾恶如仇，早有杀贼之心。一次，董卓召见，曹操随身暗藏一把宝刀，来到董卓府上，想寻机刺杀董卓。进入厅内，见董卓坐在太师椅上，其义子吕布立于一侧。那吕布武艺超群，曹操无机可乘。董卓见曹操进来，问道："孟德为何来迟?"曹操信口答道："马不好，行走不快，所以来迟。"董卓听了，马上命吕布去选一匹西凉好马送给曹操，吕布领命而出。曹操暗想，此贼该死，他本想乘此时机拔刀行刺，又担心董卓力大，恐有闪失，于是未敢轻举妄动，只得站在一边。董卓身大体胖，不耐久坐，不一会儿便侧身而卧，转面向内。曹操见他躺下，暗喜，心想，天助我也，此时不杀，更待何时。于是急忙拔出宝刀靠近董卓。没料到董卓面对衣镜，照见曹操在背后拔刀，大惊失色，急忙转身喝问："孟德想干什么?"此时，吕布已牵马走到门外。曹操情急智生，赶紧跪在地上，平举宝刀说道："我有宝刀一口，今日特来献给丞相。"董卓接过，仔细端详。只见此刀一尺有余，镶嵌七星，极其锋利，削铁如泥，果然是口宝刀。此时吕布走到近前，董卓顺手递给吕布收了。曹操急忙解下刀鞘交给吕布，说："丞相对我恩重如山，特表示心意。"

董卓穿靴下床，带曹操出厅看马，曹操再三表示感谢，向董卓说："请让我试试此马。"董卓又叫吕布拿来金鞍玉镫，佩带齐全。曹操喜不自胜，牵马走出相府，便急忙翻身上马，加鞭向东南狂奔。直到董卓、吕布醒悟过来，前去捉拿曹操，曹操早已逃出城外，不见踪影。

曹操献刀：形容做事不能按固定的思维去做，应该随着情况而变化，灵活机动地应付。近义词有“见风使舵”“随机应变”“见机行事”等。

以退为进

这个故事发生在公元187年，曹操以病重需长期疗养为由，卸任回到谯县隐居。

早在公元174年，曹操20岁，被地方推荐为孝廉，又以孝廉选为侍郎，当时任尚书右丞、京兆尹的司马防（司马懿之父）早就看中了曹操，举荐他做了洛阳北部尉（相当于现在的公安局局长）。鉴于洛阳城内权贵麇集，奸宄横行，不拿出点颜色不行。所以他一上任首先修缮四道城门，并造五色棒数十条，在每道门前左右两边悬挂。然后贴出告示，申明禁令：“有犯禁者，不避豪强，皆棒杀之。”这么一来，全城震惊，数日之间无人敢犯。

可就在这个时候，偏偏闯来一个不怕死的煞星。说起来，此人真有点来头，他是汉灵帝身边宠幸的宦官蹇硕[1]的叔父。他根本没有把曹操放在眼里。当狱卒拿住他时，他还气焰嚣张，口吐狂言。恰巧曹操路过这里，他正愁无人开棒，便立即命令将他打死。这一下市民奔走相告，官绅哄传，曹操名声大震，社会秩序大大好转。由于曹操执法严明，不避权贵，那些横行霸道的豪强把他视为眼中钉，肉中刺，想方设法排挤他。后来曹操被调出京城任顿丘令，不久征入朝廷为议郎。议郎是正常的顾问人员，可参与讨论国家大事。曹操多次向汉灵帝上书，揭露朝中的种种腐败行为，因此得罪了很多掌握重权的人物。昏庸的皇帝勾结宦官在洛阳西园开卖官所，对曹操的上书不予理睬。

公元184年，曹操因镇压黄巾起义有功，被提拔为济南国相。曹操上任后，对济南所属的十几个县的官吏进行严格考核，罢免了其中八个贪赃枉法，鱼肉百姓的官吏。这一措施狠狠地打击了地方豪强，一些作恶多端的人纷纷外逃。当时这里迷信盛行，大官吏、大商人利用祭祀敲诈勒索，欺压百姓，人民痛苦不堪。曹操下令拆毁祠庙，禁止祭祀，大大改善了社会风气。

公元187年，曹操调任东郡太守。他见权臣专朝，贵戚横行，唯恐殃及其家，便想出借病还乡的办法，以便以退为进，伺机而动，取得更好的发展。

曹操回到家乡谯县后，在离城东50里的地方建了一间造型别致的书房。这里环境幽雅，风景宜人。他谢绝宾客，春夏读书，秋冬狩猎，自得其乐。

在人生的规划里，此举有深远图谋。他这样做至少有三重意义：一是退隐可以博取名声。东汉时以名士退隐泉林为佳谈，名重当时，曹操也为无此一番经历为憾事，这一次恰巧补上了这一课。二是可以让他曾得罪的人淡忘对他的仇恨，大事化小，小事化了，以免仇越结越深，使身家蒙祸。三是避乱等候天下清明。因为曹操和自己同一资格的人做了比较，和他一起举孝廉的，有的人已经五十多岁了，尚有功名之志。而他不过刚到了而立之年，即使隐逸十年甚至二十年，年龄上还是可以施展抱负的。

果然，后来汉灵帝为应付时局，紧急网罗人才，下诏授予曹操都尉之职。都尉是郡一级的最高军事长官。这一步对于曹操十分关键，因为中国历史上的特殊性，以文士、文官而图王霸业的人从来没有。而拥兵称王者，比比皆是。曹操之所以迈开了至关重要的第一步，成为汉末军事强人，这正是他以退为进的结果。

以退为进：本指用退位的姿态或行动作为进攻的手段。后来人们常常用来指以谦让取得德行或官场的进步。近义词有“以屈求伸”“以守为攻”“韬光养晦”等。

例句：因此我经常会劝他们以退为进，不要斤斤计较，有时候其实吃亏就是占便宜，先哲曾经告诫我们“忍一时风平浪静，退一步海阔天空”。

注释

[1]蹇硕（？—189），东汉末宦官。中平五年（188），蹇硕为上军校尉，汉灵帝以蹇硕壮健而有武略，对其特别信任，并以其为西园军元帅，领导袁绍、曹操等八校尉，以监督司隶校尉以下诸官。蹇硕虽然握有兵权，但对何进非常畏忌，曾和宦官们一起说服灵帝派遣何进西击边章、韩遂。中平六年（189），灵帝在病重时将刘协托付给蹇硕。灵帝去世后，蹇硕想先杀何进再立刘协为天子，但因手下司马潘隐与何进有旧，对何进使眼色而失败。刘辩继承帝位后，蹇硕与中常侍赵忠、郭胜等写信欲合谋除去何进兄弟，因郭胜与何进为同郡且何进及何皇后发迹亦有其功劳，于是何氏便怂恿赵忠等人不听蹇硕之计，且将蹇硕的书信告知何进，何进于是便派黄门将之诛杀，其部下士兵亦被何进所领。

易如反掌

语出《三国演义》第二回“张翼德怒鞭督邮　何国舅谋诛宦竖”。书中说道：“此事易如反掌，何必多议。”

中平六年（189）四月，灵帝病笃，召大将军何进入宫，商议后事。何进本是屠夫出身，其妹入宫为贵人，生皇子刘辩，于是立为皇后，何进因此被封为大将军。灵帝又宠幸王美人，生皇子刘协。何后十分嫉妒，便用毒药毒死了她，把刘协养在董太后宫中。

董太后是灵帝的母亲，解渎亭侯刘苌之妻。当初，因桓帝无子，迎立解渎亭侯之子，这就是灵帝。灵帝入继大统，于是迎其母于宫中，尊为太后。董太后曾劝灵帝立刘协为太子。灵帝也偏爱刘协，想立他为太子。当时病重，中常侍蹇硕奏道：“如果立协，必先诛何进，以绝后患。”

灵帝认为可以，便宣何进进宫。何进事先得到密报，便想把宦官全部杀掉。

当时，曹操在何进府中供职，闻言劝道："宦官之势，朝野蔓延极广，怎么能全部杀完呢？如果行动泄露，必有灭族之祸。"正在此时，灵帝已崩的消息传来，曹操说："今日之事，应该先正君位，然后图贼。"何进于是率军入宫，就灵帝柩前扶立太子刘辩继皇帝之位。当时袁绍在朝中，对何进说："今日应乘势将宦官全部杀掉。"

张让等人知道这一行动后，便慌忙向何太后求救。由于何太后干预，何进一直犹豫不决，他问袁绍："太后不允杀宦官，怎么办呢？"袁绍献计说："可召四方英雄，带兵来京，尽杀宦官，不容太后不从。"何进说："此计大妙。"便传令下去，召兵进京。曹操见状，急忙劝谏，说："宦官之祸，古今皆有，但事主不当假之权宠，使至于此。如果想治他们的罪，除掉元恶就行了。这事易如反掌，交给一狱吏去办就足够了，何必纷纷召外兵呢？欲全部杀掉宦官，必定会走漏风声，我料定必败。"这一分析充分显示出了曹操的远见卓识，可惜何进不听，终致落了个身首异处的下场。

易如反掌：原指像翻一下手掌那么容易。后来人们常用来比喻事情极容易办成。近义词有"轻而易举""信手拈来""探囊取物"等。

例句：办这样的事我已成竹在胸，易如反掌，你就放心好了。

沐猴而冠

曹操在《薤露行》中写道："惟汉廿二世，所任诚不良。沐猴而冠带，知小而谋强……"文中"沐猴而冠带"是曹操从《史记·项羽本纪》中引用过来的，原文说："人言楚人沐猴而冠耳，果然。"用到这里恰如其分。

汉灵帝末年，天下大乱。董卓乘机把持国柄，杀少帝，焚东都，使汉家四百年基业连同其宗庙在大火中彻底倾覆。广大人民也饱受战乱之苦，被迫随着董卓挟持下的傀儡皇帝刘协向长安迁徙。在曹操的倡议下，四方诸侯组成了关东联军，共同讨伐董卓。

在这种背景下，曹操满怀激情写下了这首诗，生动地反映了东汉末年社会动乱的历史画面。这四句写汉灵帝亲小人，远贤臣，导致了外戚与宦官的相互攻杀，政权岌岌可危。灵帝时，外戚何进与宦官张让、段珪等人争权夺利斗争十分激烈，这些人或凭女宠，或凭内侍，都是靠着接近皇帝而占据要位。若论治国安邦，实是百无一能。“沐猴而冠带”形象地概括出了他们的品格，也表示了曹操对他们的轻蔑。沐猴即猕猴，猕猴戴着帽子，装扮成人样。这种描写真是一针见血，入木三分。

曹操这诗句中“沐猴而冠”比喻外表装扮得很像，但仍然掩盖不了其愚蠢本质。后人常用这一成语典故来讽刺官居一定名位的坏人，或嘲笑某些徒有仪表而没有什么本事的人。

例句：让这些不学无术的人当研究所所长，沐猴而冠，终究一事无成。

管中窥虎

语出曹操《重功德令》：“治平尚德行，有事赏功能。论者之言，一似管窥虎欤!”

曹操北征还邺后，汉献帝罢三公，置丞相，设御史大夫，以曹操为丞相。

为了稳固政权，提高军队战斗力，激发将士建功立业的热情，曹操提拔了一批在战场上立下功勋的人做地方长官。当时，对于曹操提拔军人做行政长官的做法，不乏反对意见。对此，曹操进行了有力反驳。

他说：“有人认为，军人虽然立下功劳，但以他们的德行，不能够胜任郡国长官的职位。可是，春秋时期齐桓公的名相管仲说过：‘给予贤者与其势力相称的俸禄，则在地位上就尊贵。给予武士与其功劳相称的俸禄，则士卒勇于战斗，视死如归。’国家如果能实行这两个方面的政策，则能够天下大治。

“从来没有谁说过无能之辈、不斗之士能够得到俸禄。所以赏罚能够兴荣国家，英明的君主不授官给无功之臣，不奖赏不斗之士。”治平之世崇尚务实，有识之士奖赏有功劳和有能力的人。反对这个意见的人，简直就像管中窥虎，见识太狭窄了！”

“管中窥虎”一词最早见于此处，常与“略见一斑”相连。原意指从竹管中看老虎身上的斑纹，只能看到其中的一部分。比喻见识不全面，不识整体，大有偏颇。有时也用来作自谦之词，比喻有所得，但不全面。后常作“管中窥豹”，由此派生出来的成语有“管窥之见”“窥一斑而知全豹”“一管之见”“窥豹一斑”“区区管见”等。

华屋丘墟

曹操击败袁绍平定乌桓后，使邺城成了当时北方政治、经济、军事中心。在曹操的组织和倡导下，邺下文人集团迅速形成，他们经常聚集在一起宴饮唱和游乐赋诗。曹操特意修建了铜雀台、西苑，为文人们提供了展示才华的场所，更加推进了诗歌的繁荣，使这里成了闻名全国的文化圣地。

如果说曹操是当时的文联主席的话，那么曹丕、曹植便是秘书长。凭着他们二人的地位和才华，在文人中享有很高威望。一天中午，弟兄两人在文昌殿中宴请好友，特意邀请曹操参加。这一天既有美酒盈樽，又有佳肴满席。更值得称道的是音乐歌舞，秦地之筝、齐国之瑟，或高亢慷慨，或平缓柔和。特别是乐女们个个丰姿绰约、轻歌曼舞，令人欣然惬意。曹操情不自禁地吟起《短歌行》：“对酒当歌，人生几何。譬如朝露，去日苦多………”这首诗感叹时光易逝，人生短促。抒发了他求贤若渴的真挚情怀。在大家恣情唱和之中不觉日影西斜。曹植在旁听着父亲的诗句，看到绚丽的日光变成了残红暮色，无限感慨油然而生。生命短暂不会再生，光阴荏苒不能倒流，当前盛况无法重复，就是有百年之寿也会很快走到尽头。刚刚还在高殿华屋中竞豪斗奢，转瞬之间已与草木一块儿凋零，在荒野残基中化作乌有。想到这里，他即兴吟诗一首：“置酒高殿上，亲友从我游。中厨办丰膳，烹羊宰肥牛。秦筝何慷慨，齐瑟和且柔。惊风飘白日，光景驰西流。盛时不可再，百年忽我遒。生在华屋处，零落归山丘。先民谁不死？知命复何忧。”曹操听后对曹植的诗大加赞赏。

“华屋丘墟”出自“生在华屋处，零落归山丘”诗句。本意指原来华丽的殿堂转眼已变成荒土废墟。现用以形容岁月流逝、世事变迁。

例句：走进历史故地，但见华屋丘墟，昔人已去，不禁感慨不已。

不共戴天

罗贯中《三国演义》第十回载，曹操说：“陶谦纵兵杀吾父，此仇不共戴天，吾今悉起大军，洗涤徐州，方雪吾恨。”

曹操在山东打仗时，父亲曹嵩从陈留去琅琊避难。曹操对父亲一直牵挂在心，由于连年征战，居无定所，不能顾及。公元193年，曹操任兖州牧后，将治所从昌邑迁移至鄄城，这里是黄河边上的一个军事重地。这时他站稳了脚跟，便派人去接父亲到兖州团聚。曹嵩带着家眷和百余辆装满财物的车，在士兵的护送下向北进发。没想到路过徐州时，陶谦部下张闿见财起意，便乘夜抢劫。三更时分，张闿率兵突然冲进曹嵩一行住所，逢人便砍，抢劫财物。曹嵩梦中惊醒，慌忙带着爱妾想翻墙逃走。可是由于爱妾身体肥胖，无法爬过。曹嵩便带她躲进厕所，结果被兵士拖出，一刀结束了性命。曹家40余口，全部被害。

噩耗传来，曹操哭昏了过去。父亲养育了他，还未来得及报答大恩，就惨遭杀害，怎能不叫他悲痛欲绝？从董卓之乱开始，父亲因受他的牵连，带着一家老小到处躲避，受尽了颠沛流离之苦，不料在自己就要好好孝敬父亲时，老人家却死于乱刀之下，父亲没来得及享受天伦之乐，作为儿子，怎能不痛心疾首，肝胆俱裂！

曹操把千仇万恨，都记在陶谦身上。我与你向来无仇无恨，为什么要下此毒手？杀父之仇，岂能容忍，此仇不报，枉为人子。于是曹操亲率大军，直奔徐州，报仇雪恨。

不共戴天：戴，加在头上或用头顶着。意思是不愿和仇敌在一个天底下并存。形容仇恨极深。《礼记·曲礼》上有“父之仇，弗与共戴天”之句。近义词有“深仇大恨”“势不两立”“刻骨仇恨”等。

例句：我们和犯我国土、杀我同胞的侵略者有着不共戴天的深仇大恨。

驱虎吞狼

这是曹操谋士荀彧给他献的一计，见罗贯中《三国演义》第十四回，是发生在刘备、吕布、袁术之间的战事。

公元196年，曹操已将汉献帝移驾许都，营造宫室殿宇 ，立宗庙社稷，修城郭府衙，封文武百官。赏功罚罪，曹操一言九鼎。汉献帝封曹操为大将军，武平侯。因此，曹操大权在握，朝廷一切事务，均由曹操处置。曹操奠定了“挟天子以令诸侯”的基础，开始了统一天下大业的步伐。

当时，刘备屯兵徐州，吕布驻扎在与之不远的小沛。吕布有万夫不当之勇，反复无常，是曹操的心腹之患。曹操本想拿吕布开刀，曾奏明天子下诏封刘备为徐州牧，接着密令刘备杀掉吕布。不料被刘备看破计谋，按兵不动。这时荀彧分析战事，便向曹操献了“驱虎吞狼”之计：“可暗令人往袁术处通信，报说刘备上密表要攻略南郡。袁术闻之，必怒而攻备。公乃明诏刘备讨袁术，两边相并，吕布必生异心。”曹操听闻大喜，立即依照此计谋行事，果然如愿以偿。

袁术听说刘备上表，想来侵占他的地盘，勃然大怒，马上兴兵十万杀奔徐州。刘备接到诏书，明知是计，但君命难违，不得不从，立即率兵南下，两军在盱眙展开激战。吕布有勇无谋，果然中计。他见有机可乘，便亲自率兵攻打徐州。守军大败，连刘备的家属都没有走脱，落入吕布之手。

这一“驱虎吞狼”计之所以能够成功，在于曹操充分发挥了自己的优势，即他掌握着朝廷权力。巧妙地利用了对方的缺点：吕布见利忘义，头脑简单；袁术贪图虚名，刚愎自用；刘备忠厚老实，看中道义。

驱虎吞狼：意思是利用计谋让此攻彼，使双方互相残杀，达到第三方坐收渔利的目的。近义词有“鹬蚌相争，渔翁得利”“借刀杀人”等。

例句：资本家彼此之间尔虞我诈，驱虎吞狼，是资本主义的本质所决定的。

任谤任劳

这源于曹操评价于禁的一段话。

曹操曰：“将军在匆忙之中，能整兵坚垒，任谤任劳，反败为胜，虽古之名将，何以加之。”意思是将军在万分紧急的情况下，能够整顿兵马，坚守阵地，任凭别人诬陷诽谤，自己不顾疲惫劳累和敌军作战，终于转败为胜，即使古代名将也超不过你。

曹操在淯水驻扎时，中了张邈计谋，遭到突然袭击，险些命丧战中。

这次曹操败得很惨，大将典韦、儿子曹昂为力保曹操被乱军砍杀，侄儿曹安民逃脱不及死于非命。

于禁，字文则，早年跟随曹操，屡立战功，时任平虏校尉。当时，他发现夏侯惇所领的青州兵乘乱抢劫百姓财物，便前往剿杀，安抚乡民。青州兵怀恨在心，恶人先告状，到曹操跟前诬陷他图谋不轨，带兵造反，砍杀青州兵马。曹操惊魂未定，一听大吃一惊，便把于禁造反的情况告诉夏侯惇、许褚、李典、乐进，让他们带兵迎战于禁。

于禁知曹操脱险，大军已至，便赶紧率兵筑寨安营。有人告诉他："青州兵告你谋反，今丞相已到，你为什么不赶紧去说明真相，解除怀疑，竟然还在这里忙着安营扎寨呢?"于禁说："现在贼追兵在后，随时都能赶来，如果不提前做好准备，怎么抵御敌人?"说明真相事小，战胜敌人是当务之急。果然张绣率兵从两路杀来，于禁身先士卒，出寨迎战。左右各位将领见于禁杀入敌阵，也各率军冲杀，张绣大败，仓皇撤退。

曹操转危为安，便命令三军安营休整。于禁入帐拜见曹操，详细地说明了青州兵大肆抢掠百姓被他剿杀之事。曹操问：军情紧急不告诉我情有可原，为什么你先安营而不及时前来向我说明情况？于禁据实相告。于是曹操赏赐给于禁金器一副，封他为寿亭侯。

任谤任劳：任，担当承受。谤，诽谤。意为不怕诽谤埋怨，也不怕吃苦劳累。近义词"任劳任怨""勤勤恳恳""吃苦耐劳"等。

例句：我们张校长工作脚踏实地，任谤任劳，不务空名，受到师生好评。

掘坑待虎

曹密谓玄德曰："吾令汝屯兵小沛，是'掘坑待虎'之计也!"（罗贯中

《三国演义》第十七回语）

公元197年2月，袁术在寿春称帝。曹操在大败张绣之后，兴兵南征。大军路过徐州地界，曹操令吕布[1]率军在左，刘备统军在右，自领中军攻打寿春。袁术闻讯大惊，仓皇分兵十万，坚守寿春。自己带领其余将卒收拾府库金玉宝贝，渡过淮河，以求自保。曹操率军攻克寿春后，正欲渡淮追剿袁术，忽然许都差使来报："张绣依托刘表，兴兵报复，南阳、章陵诸县守军造反，特来告急。"曹操闻讯，立即命令班师回许都。临行令吕布领兵自回徐州，刘备仍屯兵小沛。曹操暗中对刘备说："我命你屯兵小沛，是'掘坑待虎'之计也。"刘备会意，奉命而还。

原来，刘备曾拥有徐州，刘备奉诏讨伐袁术时，吕布乘机兴兵攻打徐州，据为己有。刘备讨袁兵败，不得已暂居小沛，养精蓄锐，以图后举。吕布是曹操心腹大患，决心要首先杀掉他。于是嘱托刘备在吕布身边潜伏，暗中准备坐等机会。一旦有机可乘，便共同消灭吕布。果然时隔不久，刘备抓住战机，里应外合，与曹操联合行动，连战连捷，吕布兵败城破，被曹操斩首于下邳城白门楼下。

掘坑待虎：挖好坑等待老虎坠入陷阱。比喻设下陷阱等敌人上钩。

例句：八路军掘坑待虎，在神头岭打了一个漂亮的伏击战。

注释

［1］吕布，字奉先，五原郡九原县（今内蒙古包头九原区）人，东汉末年名将，汉末群雄之一。先后为丁原、董卓的部将，后与司徒王允合力诛杀董卓，旋即被董卓旧部李傕等击败，依附袁绍。与曹操争夺兖州失败后，吕布袭取徐州，割据一方。建安三年十二月（公元199年2月）吕布于下邳被曹操击败并处死。

山鸡舞镜

语出南朝宋刘敬叔《异苑》[1]卷三："山鸡爱其毛羽，映水则舞。魏武时，南方献之，帝欲其鸣舞无由。公子苍舒令置大镜于其前，鸡鉴形而舞，不知止，遂乏死。"

文中的魏武即曹操。当时，南方孙权为了讨好曹操，把一只山鸡送到邺城，献给曹操。曹操很想看它跳舞，可怎么也没有办法让它跳。曹冲（字苍舒）十分聪明，眉头一皱，计上心来。他让人搬来一面大铜镜，放在山鸡面前，山鸡看到镜中自己美丽的身姿，仿佛置身于明净的湖面，便立即跳起舞来。并且越舞越得意，竟然不知道停下。跳啊跳啊，一直到累死为止。人们知道这件事后，无不对曹冲啧啧称赞。其实，山鸡特别喜欢自己的羽毛，每当走到水边望见自己的影子，便情不自禁地跳起舞来，曹冲是因为了解山鸡的这一习惯而想到的主意，而别人没有考虑到这一层罢了。这件事后来成为文学史上的一段佳话，不少骚人墨客为之吟咏不已。徐陵在《鸳鸯赋》中写道："山鸡映水那自得，孤鸾照镜不成双。"庾信《镜赋》中说："山鸡看面独舞，海鸟见而孤鸣。"并在他的《咏画屏风诗》中说："吹箫引白鹤，照镜舞山鸡。"黄庭坚在《睡鸭》诗中说："山鸡照影空自爱，孤鸾舞镜不作双。"李汝珍在《镜花缘》中说："丹桂岩山鸡舞镜，碧梧岭孔雀开屏。"黄遵宪《番客篇》也有"山鸡爱舞镜，海燕贪栖梁"的诗句。

山鸡舞镜：原指山鸡在镜子前起舞，至死而止。后人常用来比喻自我陶醉。

例句：干任何工作"山鸡舞镜，自我陶醉"是不行的，必须注重实际效果。

注释

[1]《异苑》，南朝宋刘敬叔撰，志怪小说集。

龙骧虎视

语出汉献帝《封曹操为魏公策》文："君龙骧虎视，旁眺八维，掩讨逆节，折冲四海。是用锡君彤弓一，彤矢百，玈弓十，玈矢千。"意思是说："君像蛟龙猛虎一般意气轩昂，密切关注着天下时局变化，讨伐叛逆，威震天下，因此赏赐给您彤弓一张，彤矢一百，玈弓十张，玈矢一千。"

三国时期，风云骤变，俊才云集，在众多的豪杰之中，"风流人物"曹操作为政治家、军事家当首屈一指。他从参加镇压黄巾起义军有功升为济南国相后，又打败了青州黄巾军，收其精锐，组成"青州军"。至此以兖州为根据地，开始逐鹿中原。他接受谋臣毛玠等人建议，于建安元年迎汉献帝在许昌建都，开始"挟天子以令诸侯"，取得了政治上的优势。此后打着"举辞伐罪"的名义，逐个消灭了他的竞争对手袁术、吕布、张绣、袁绍、马超等人，使自己的力量在群雄逐鹿中日益强大。建安十八年（213）进位为魏公，创立了魏国，建都于邺。建安二十一年（216）被封为魏王。在封曹操为魏公时，汉献帝钦派御史大夫郗虑代表自己前来邺都，送来了他亲自颁布的长篇诏令。这篇诏令完整地保存于《三国志·武帝纪》中，它文辞优美，相传为有名的碑颂高手，时供职于尚书台的陈留郡中牟县人潘勖所作。

龙骧虎视：原比喻曹操如龙抬头那样轩昂，如虎扫视那样勇悍。后来形容昂首阔步、威武雄壮的气概。其同义词有"龙吟虎啸""龙腾虎跃"等。

例句：他器宇轩昂，龙骧虎视，步入大厅后，令人刮目相看。

巧夺天工

《渊鉴实语·蛇》篇中记载："《甄氏》异之，因效为簪，巧夺天工。"

自古英雄爱美人，这样的例子数不胜数。像烽火戏诸侯的周幽王、霸王别姬中的项羽、为貂蝉不惜铤而走险的吕布、沉湎于石榴裙下的唐明皇等等比比皆是。爱美人更爱江山，这样的人物却屈指可数，曹操就是这样的人。从他对甄氏[1]的态度上就可略见一斑。

曹操攻克邺城后，在袁绍府中第一次见到甄氏，见她眉如弯月，目含清波，面若碧玉，美艳绝伦，顿时神魂颠倒，如醉如痴。史载，他为了得到甄氏的欢心，曾对她说："吾攻邺城，只为你尔！"意思是，我攻打邺城，就是为了得到你啊！由此可见曹操对甄氏的喜欢程度。

但是，与此同时，他的儿子曹丕早已经听别人说甄氏是绝代美人，天下无二，世上无双。在攻入邺城之后，便不顾违背军令，自奔袁府，在曹操之前见到了甄氏。见甄氏貌美如花，气质绝佳，便决定娶她为妻，态度十分坚决。曹操知道后，为了自己的威严，家中的和睦，更为了魏国的稳定，便忍痛割爱答应了儿子的亲事。这在长篇小说《梦回邺城》第六回中有详细描述。

常言道："女为悦己者容。"甄氏嫁到曹府后，十分注重打扮自己。就拿发型来说，她的"灵蛇簪"在当时堪称一绝。据清代张莫等编辑的《渊鉴实语·蛇》篇中记载，甄氏在居邺期间，她住的长秋宫庭院里有一条十分美丽的绝色蛇，长期和她友好相处。这条蛇长得又细又长，光滑的身上缀满了漂亮的花纹，嘴里还经常含着一颗红珍珠。每天早晨，当甄氏梳妆打扮时，这条蛇像知道主人的心意一样，总是爬到她的梳妆台前，盘成一种奇特的形状。甄氏看到后觉得非常美妙，便不由自主地精心模仿这种形状梳理发型。这条蛇一天一个形状，从不重复。后甄氏异之，因效为簪，巧夺天工。这种发型或盘于头顶，或绕于脑后，惟妙惟肖，精巧无比，十分好看，虽然是人工梳成，但精致巧妙程度远远胜过了天然形成的样式，得到了曹操的多次赞美，曹丕更是由衷喜欢，对她恩爱有加。

巧夺天工：夺，胜过，超越。本意指甄氏的"灵蛇簪"精巧的造型胜过盘蛇形状。后用来形容人工的精巧胜过天然。多指建筑和工艺品高超绝妙。近义词有“鬼斧神工”“独具匠心”等。

例句：这个公园里的假山结构新奇巧妙，巧夺天工。

注释

[1]甄氏（183—221），相传为甄宓，史称甄夫人。中山无极（今河北省无极县）人，上蔡令甄逸之女。魏文帝曹丕的正室，魏明帝曹叡的生母。甄氏三岁丧父。建安中期，袁绍为次子袁熙纳之为妻。建安四年（199），袁熙出任幽州刺史，甄氏留在冀州侍奉袁绍的妻子刘氏。建安九年（204），曹操率军攻下邺城，甄氏因为姿貌绝伦，被曹丕所纳，甚得宠爱，生下儿子曹叡和女儿曹氏（即东乡公主）。延康元年（220），曹丕继位魏王，六月率军南征，甄氏被留在邺城。同年，曹丕称帝，年号黄初。山阳公刘协进献二女为曹丕妃嫔，后宫中文德郭皇后、李贵人和阴贵人都得到宠幸，甄氏越发失意，流露出一些怨恨的话语，曹丕大怒。黄初二年（221）六月，遣使赐死甄氏，葬于邺城。黄初七年（226）五月，曹丕病重，立甄氏的儿子平原王曹叡为太子。曹叡即位后，追谥甄氏为文昭甄皇后。

荡气回肠

出自曹丕《大墙上蒿行》：“女娥长歌，声协宫商。感心动耳，荡气回肠。”

曹操博览群书，才华横溢，在文学上颇有造诣，尤其是他写的诗独树一帜，风靡当时。曹操定都邺城后，在他的影响和倡导下，大批饱学之士慕名而来，纷涌云集，文学活动空前活跃，逐步形成了以三曹（曹操、曹丕、曹植）为核心，以“七子”（孔融、陈琳、王粲、徐干、阮瑀、应玚、刘桢）和女诗人蔡琰为主要成员的邺下文人集团。他们创作的诗赋真实地反映了现实的动乱和人民的苦难，抒发了建功立业的理想和积极进取的精神，意境宏大，笔调朗畅，具有鲜明的时代特征和个性色彩，其雄健深沉、慷慨悲凉的艺术风格，文学史上称为“建安风骨”。

曹操对他的三个儿子曹丕、曹植、曹冲十分喜爱，经常和他们在一起讨论诗作，尽享天伦之乐。一天，春暖花开，风和日丽，曹操将三个儿子召集到府中园内小亭，又谈起诗来。这一情节在《梦回邺城》第十三回、第十四回有详细描述。

曹植拉着父亲曹操坐下，率先发言：“我们弟兄三个难得和父亲在一起，今天咱父子切磋一下诗艺如何？都想听听父亲的教诲呢！”曹植这么一说，曹操笑了，曹冲也鼓起掌来，曹操自然乐意。曹植见父亲高兴，便接着说道：“父亲诗作，孩儿受益匪浅，特别是父亲写的那首《蒿里行》非常感人。”

“我都记不全了呢，子建能背下来吗？”曹操笑眯眯地望着曹植问道，曹植见父亲在有意考他，便脱口而出。朗诵之后，曹操见曹植一字不差，十分高兴，有意看一下他的理解程度，便说：“子建说受益匪浅，你能说下你对这首诗的体会吗？”

曹植知道父亲又在考他，便应声答道：“诗为时而作，是社会现实的浓缩，是真情实意的流露。父亲的这首诗重点写了当年关东将领在征讨董卓时，各自拥兵自重，争权夺利，互相残杀的分裂局面，给老百姓带来的沉重灾难，表达了父亲您深沉的忧国忧民之情。”在逐层逐句分析完毕后，曹植感慨地说：“尤其是尾句卒章显意，表达了父亲的心境，非常生动，充分表达您的满腔真情，确实令人荡气回肠，泪湿青衫呀！”

荡气回肠：荡，动摇；回，回转。原出曹植评曹操写的诗情深意切，慷慨悲凉，感人肺腑，催人泪下。曹丕在自己的《大墙上蒿行》诗中用了这一词语。后常用来形容文章、乐曲十分婉转动人。近义词有“如泣如诉”“勾魂夺魄”“惊心动魄”“感人肺腑”等。

例句：他唱歌很大气，音调从低到高起伏很大，唱得荡气回肠，气势磅礴，绕梁三日，还有人唱得出这样的境界吗？

博览群书

这个成语见《玉函山房辑佚书续编三种》（清王仁俊辑）：“博览群书，特好兵法，抄集诸家兵法，名曰《接要》。”

公元155年，曹操出生于沛国谯县，也就是今天安徽北部亳州市。

曹操满月时，曹府张灯结彩，欢天喜地，在中厅大摆宴席。曹操出生在一个条件优越的家庭里，父亲曹嵩视他为掌上明珠，百般宠爱。他望子成龙，从曹操幼年开始，就开始对他灌输各种知识。曹操终生酷爱学问，就是因为在少年时期就奠定了良好的基础。他不仅精于文学，而且是个多才多艺的人。举凡诗赋、音乐、书法、棋术以及其他方面都达到了堪称一流的境界，史载曹操“博览群书，名曰《接要》。又注《孙武》十三篇，皆传于世”。

曹操一生酷爱读书，涉猎广泛，注重集百家之长，不断完善自己。即使在戎马倥偬、南征北战的岁月中，也常常是行不离书，手不释卷，精心研习。他后来能够成就一番霸业，除了他胸怀大志，积极进取之外，跟他“博览群书，见多识广”是分不开的。曹操深知治乱征伐必用战，学好兵书战策才能干出一番大事。于是他不仅通读《史记》《汉书》，而且特别注重博览军事著作。他曾广泛搜集整理了东汉以前各家的兵法书籍，把主要内容摘抄下来编成《兵书接要》。他第一个为我国著名的军事著作《孙子》作注。把原来的八十二篇缩编成十三篇，分别进行注解，并写了序言，起名《孙子略解》。

博览群书：意为广泛地阅读了很多方面的书，形容读书很多，知识丰富。同义词有“博学多才”“学富五车”“才高八斗”等。

例句：中小学生应该博览群书，广泛涉猎各种各样的知识。

操翰成章

语见《三国志·魏书·徐干传》：“魏公曰：‘干清玄体道，六行修备，聪识洽闻，操翰成章，才思敏捷，不愧为大家手笔。’”

曹操不仅是伟大的政治家、军事家，还是著名的文学家。他极擅写诗作赋。当他攻克邺城后，许多文人都归附他的门下，邺城聚集了一批才华横溢的文人墨客，其中在历史上富有影响的有孔融、陈琳、王粲、徐干、阮瑀、应玚、刘桢，被称为“建安七子”。

为了给文人们提供活动场所，曹操不惜重金修建了一座富丽堂皇的铜雀台，经常在这里举行不同形式的诗歌比赛，共同切磋技艺。一次，任曹操司空军师祭酒掾属的徐干在场，曹操刚刚命题，他便神采飞扬，激情洋溢，不假思索，挥笔而就。曹丕看后称赞道：“虽张蔡不过也。”张指张衡，蔡指蔡邕，都是名冠当时的大家。他的意思是说即使张衡、蔡邕也不过如此罢了，可见对徐干的评价很高。曹植不甘落后，拿过诗读后，恳切地说，“慷慨有悲心，兴文自成篇，的确不同凡响”。曹操兴致勃勃地走上前去，浏览一遍，颔首称道：“干清玄体道，六行修备，聪识洽闻，操翰成章，才思敏捷，不愧为大家手笔。”

操翰成章：原意为拿起笔来就能写成文章。现在形容文思敏捷，才华超群。

例句：先生博古通今，操翰成章，我是望尘莫及呀！

下笔成章

语见《三国志·陈思王曹植传》："年十岁余，诵读诗论及辞赋数十万言，善属文，太祖尝试其文，谓植曰：'汝请人邪?'植跪曰：'言出为论，下笔成章，顾当面试，奈何请人!'"这里的太祖指曹操。请人，指请人代笔。

建安七年（202）十月二十三日上午，曹操和卞夫人在家中的卧松堂召见各房子弟。曹植时年十一岁，他穿着一身杏黄色衣服，腰系一条绿丝带，头绾高髻，行步翩翩，举动飘逸，气朗声清。他当着父亲和众人的面，诵诗吟赋，气如贯珠，讲经说史，见解不凡。

最后，他呈上自己作的几篇诗赋，请父亲过目。曹操见写在黄帛上的行书小字笔迹灵秀，很有功夫，顿生几分喜爱。等到读了辞赋，更觉惊奇不已。这几篇辞赋辞藻之瑰奇，比兴之繁复，情思之绚丽，文气之贯通，的确造诣不凡，出自一个少年之手，实在令人难以置信。曹操先是惊喜，后来就满腹狐疑，便说："植儿，这是你请人代笔的吧？"曹植听过，"扑通"一声跪倒在父亲面前，说："父亲，您终年忙于军国大事，各家兄弟又多，子建纵然想亲近父亲，可您在家日少，事情又多，子建和父亲在一起的时间太少，父亲自然不知孩儿学业的长进。"说到这里，他像受了天大的委屈一样，动情地说："假如我子建请人捉刀代笔，岂不成了欺世盗名之徒？我曹子建言出为论，下笔成章。如果不相信，请父亲出题，我愿当面应试。"曹操将信将疑，信手指着大厅中心一尊铜鼎说："就以此为题吧!"曹植举目观看，略一沉思，援笔立就。曹操接过一看，一篇《铜鼎赋》果然运笔非凡，很有见地。从此，对曹植刮目相看，宠爱有加。

《铜鼎赋》

宝鼎立中庭，赫赫有威灵。

三足成华夏，双耳听天风。

其内何所盛，福祸与吉凶。

顺天是为吉，逆天必为凶。

羲皇之神器，谁谓此青铜。

这个故事记载在《陈思王曹植传》中。

下笔成章：原指曹植落笔成篇，才华横溢。后来常用来形容一个人才思敏捷，出类拔萃。

例句：这位学生天资聪颖，知识丰富，文思敏捷，下笔成章，前途不可限量。

援笔立成

语出《三国志·魏书·陈惠王传》："时邺铜雀台新成，太祖悉将诸子登台，使各为赋。植援笔立成，可观，太祖甚异之。"译成白话文是"时逢邺城的铜雀台刚刚建成，曹操带了儿子们到台上去庆贺，便叫他们各人写一篇赋。曹植提起笔来，不一会儿就写好了。这篇《铜雀台赋》文采飞扬，非常可观，曹操见了既惊讶又喜欢"。

曹植是曹操的三子。他少年早慧，才学丰富，思维敏捷，十岁时便涉猎经、史、子、集，能熟咏《诗经》《论语》。还可背诵大量的辞赋，出口成章，提笔成诗，曹操十分喜欢。

建安十五年（210）冬，曹操决定修建的铜雀台竣工落成，他率文武百官、妻妾子嗣一起登台参观游览，只见楼阁华丽，金碧辉煌，气势恢宏，蔚为大观。壮怀激烈的曹操十分兴奋，为考验诸子的写作水平，他不失时机地命人取出笔墨纸砚，让儿子们当场赋诗。

曹丕先写，以“飞阁崛其特起，层楼伊以承天”为总领句，在赞美了铜雀台的巍峨壮观后，笔锋陡然一转，表达了要对老百姓广施仁政，对朝政要严加整饬，才能永保曹魏江山四方安宁。众人看后大加赞扬，曹操也夸奖了一番。曹植走上前去，铺纸提笔，潇潇洒洒，一气呵成。曹植的《铜雀台赋》文采飞扬，不同凡响，博得了围观人们的阵阵喝彩，曹操十分满意，赞不绝口。

“援笔立成”成语即来源于此。后人用来形容一个人才思敏捷，文思超群，下笔成文。

例句：老兄才高八斗，学富五车。文思敏捷，援笔立成，让我佩服之至。

唯才是举

语出曹操在建安十五年（210）春颁布的《求贤令》：“今天下尚未定，以特求贤之急时也……佑我名扬仄陋，唯才是举，吾保而用之。”

赤壁之战失利后，曹操统一南方的计划受到了挫折。他深深懂得“为国失贤则亡”的道理，所以不拘一格广罗人才，起用了一批出身微贱而有才干的人，把他们放到重要岗位，使之大显身手、展示智慧。《三国志·魏书》说他“拔于禁、乐进于行阵之间，取张辽、徐晃于亡虏之内，皆佐命立功，列为名将。其余拔出细微，登为牧守者，不可胜数”。曹操的第一位谋士荀彧，其祖父、叔父均是布衣，荀彧投奔曹操时仅是一个小县令，曹操见他智谋超群，人才难得，就破格提拔为司马。建邺城后，每逢出征，都把朝中大权交给荀彧处置。他安排不是名门大族的刘放、孙贵进入秘书监，成为掌管朝廷机密的要员。杜袭出身贫寒，由于他才能卓越，曹操就将他从下级军官提拔至邺城中央任职，后又派他镇守军事要地长安。为了创造统一全国的条件，具有雄才韬略的曹操十分重视发现人才、培养人才、使用人才。曹操建立魏国后，又在邺城下了第二道求贤令，即《敕有司取士毋废偏短令》。曹操晋魏王后，再次发布求贤令，即《举贤勿拘品行令》。曹操三次大规模选才，目的就是明扬仄陋，唯才是举。即发现和推举僻远隐居的贤人能士，只要是人才便要予以使用。

这便是唯才是举的来历。本意是只要有才能的人就提拔或推荐。现多用来表述不拘一格选拔任用有真才实学的能人志士。

例句：领导者一定要唯才是举，知人善任。只有这样，才能凝聚合力，共同把工作干好。

明扬仄陋

语出曹操《求贤令》："佐我明扬仄陋，唯才是举，吾得而用之。"佐：帮助。明扬：明察举荐。仄陋，狭窄简陋的地方，此指偏远之处或出身低贱的人。全文意为：帮助我明察荐举那些出身低贱埋没在偏远地方的人，只要是德才兼备的人就设法推荐，只要我得到后一定重用。

东汉时期，由于朝廷推行"任子"和"察举"吏制，使官宦豪门有了世代做官的特权。即使是公开选拔也受到地方上有钱有势和各级官员的操纵，一些出身低微却满腹才华的人终不得仕，以致朝廷和各级官场庸人充斥，奸佞专权。

曹操成名后，深深懂得"为国失贤则亡"的道理，所以招贤任能，广揽人才，起用了大批出身低微而文武出众的人，把他们放在重要岗位。由于曹操不计出身和地位，唯才是举，坚持得而用之，所以使大量人才都投奔到他的麾下，忠心耿耿地为他效力，为他成就大业发挥了重要作用。

明扬仄陋：指明察出身低贱隐居在民间的德才兼备之人。近义词有“任人唯贤”“举贤任能”“唯才是举”等。

被褐怀玉

语出《三国志·魏书·武帝本纪》：“若必廉士而后可用，则齐桓其何以霸业。今天下得无有被褐怀玉而钓于渭滨者乎？”意为：假如一定要廉洁（本意指无贪污，这里泛指没有缺点）之士才能任用，那么齐桓公怎么能称霸天下呢？难道当今天下就没有像姜太公那样富有才华却穿着破衣裳（被褐怀玉）在渭水边垂钓的人吗？

“得人才者得天下”，这是曹操多年带兵治国恪守的信条。曹操统一北方后，把邺城定为自己的都城，为了治理好这个地方，他让有关部门推荐一个合适的人选。当推荐万年县（今陕西临潼）人杨沛出任时，文武百官舆论哗然。为什么？因为他曾服刑住监，有过污点。

曹操对杨沛很了解，知道他才能出众，治理有方，因此对他给予了充分肯定和高度评价。为了澄清是非，统一思想，一次他给文武百官讲了管仲拜相的故事。

春秋时期，齐桓公是齐国第十五位国君，他继位时齐襄公给他留下了一个烂摊子，当他的军师鲍叔牙向他推荐让管仲出任宰相要位时，齐桓公大惊失色。

原来齐襄公有两个弟弟即公子纠、公子白。公子纠发现管仲是个人才，便让他当了自己的谋士。公子白发现鲍叔牙是个人才，便拜他为师。本来弟兄相安无事，可是好景不长，昏庸的齐襄公总是疑心他两个同父异母的弟弟要夺他的王位，就暗中派手下的人找机会干掉两人。公子纠和公子白听到了风声，公子纠马上带着管仲跑到鲁国姥姥家去了。公子白也跟着学，带着鲍叔牙跑到莒国姥姥家避难去了。

公元前686年的冬天，暴虐的齐襄公被手下的将领杀死，立他的一个堂弟公孙无知为齐国君王。可没过几个月，公孙无知也被手下大臣给杀了。当时齐国一片大乱。流亡在外的公子纠和公子白得知消息后，都觉得自己继承王位的机会来了，各自打点行装要回国争夺王位。

管仲作为公子纠的军师，及时提醒他的主子："公子白所在的莒国离齐国很近，如果他先行一步回到齐国我们就没戏了。"于是，他一方面带一队人马去拦截公子小白，另一方面让鲁国派大将军曹沫带另一队人护送公子纠回国。当管仲带人马赶到莒国和齐国的交界处，正碰上鲍叔牙带领人马火速前进。管仲见状，搭弓取箭，朝着车上的公子小白用力射击。小白大叫一声，栽倒在车中。管仲见大功告成，便带人马飞驰而去。没想到管仲这一箭恰好射在公子小白的带钩上，一点没有伤到人。但他知道管仲的箭法厉害，要是再补上一箭就没命了，于是他才装死倒在车里。

管仲自以为射死了公子小白，就不慌不忙护送公子纠向齐国进发。没料到小白已进入齐都，安定朝政，就任国王。结果管仲带公子纠到齐鲁边界时，却被齐国来使带人挡住去路。当得知真相后，管仲才知道上了小白的当。他一气之下便把来使杀了，并命令曹沫率领鲁国士兵去跟齐国拼命，于是齐鲁两国开战。公子白亲率大军征讨，命鲍叔牙领兵三十万去攻打鲁国。那时齐国很强大，小小的鲁国为了公子纠这个外甥被迫应战，导致连连失败。鲁国公没有办法，最后按齐国的要求把公子纠的人头和管仲一起交给齐国。

管仲和鲍叔牙向来是十分要好的朋友，鲍叔牙对管仲的才能佩服得五体投地。可他举荐管仲任宰相，齐桓公怎能不大惊失色？管仲先是政敌、后是仇敌，齐桓公恨不得把他碎尸万段方解心头之恨。但齐桓公是个胸怀宽广的人，当他听鲍叔牙介绍管仲是难得的人才时便毅然拜管仲为相。管仲果然有经天纬地之才，治国安邦之策。在他的辅佐下，齐国迅速强盛起来，最后成就了霸业。

曹操对文武百官说道："假使齐桓公因管仲曾是他的政敌、仇敌而弃之不用，那么齐国的历史将会重写。现在完成统一天下大业，我们急需大量人才。当今社会不是没有人才而是没有发现。难道没有像吕尚那样衣褐怀玉在渭水河边钓鱼的人才吗？希望大家不要有任何顾忌，千方百计把这些人才推荐上来，为我所用。"

由此可见，曹操在招贤纳士中可谓是"不拘一格"。

曹操的见解，处处显示着与众不同。在用人问题上古人一向是重德行甚于重才能，可是天下之人，有德未必有才，有才未必有德，这是谁也没有办法的事。曹操深知在东汉末年群雄蜂起争夺激烈的时候，谁揽住了人才，谁就能使胜利的天平倾斜到自己这一边。因此，曹操不仅重用德才兼备的人，而且对那些才能出众而德行有亏的人一样尊为上宾，委以重任。曹操如此胸怀宽广，智勇之士怎能不趋之若骛，感恩戴德，竭力图报呢？这就为他成就大业奠定了坚实的人才基础。

被褐怀玉：形容有某些缺点而才能出类拔萃的人。后来用来指在选才上不能以貌取人，求全责备。说明金无足赤，人无完人的道理。要做到人尽其才，为所有人才提供用武之地。

床头捉刀

语出《世说新语·容止》："魏王雅望非常，然床（坐榻）头捉刀之人，此乃英雄也。"这段话记载在曹操见匈奴使者的故事中。

建安中期，曹操以邺为都，采取分而治之的方法，将匈奴人集聚区划分为五个部落，他在每一个部落选出一位能干并且顺从的人作为首领，并且派汉人为幕僚监视其举动。

一次，匈奴某部落派使节来邺城见曹操。曹操认为自己五短身材、相貌平平，威仪不足震慑匈奴来使，于是就让丞相崔琰代替自己接见使者。崔琰眉目疏朗，髯长四尺，举止强悍，说话出口成章，声音洪亮，很有威严，朝中官员无不另眼相看，连曹操也非常羡慕崔琰的堂堂仪表。

这天在铜雀台上接见匈奴使者，崔琰扮作魏王正襟危坐。而曹操则扮作卫士，执刀侍立在坐榻旁边。匈奴使者叩拜后，主宾如此这般寒暄一番便结束了。召见后，曹操派人到匈奴来使下榻处询问其对魏王的威仪有何评价。匈奴使者不假思索地答道："魏王雅望非常，然床（坐榻）头捉刀之人，此乃英雄也。"意思就是说，魏王相貌伟岸，气度不凡，常人是比不上的，然而床头那位执刀卫士非同一般，令人佩服，他才是真正的英雄。

床头捉刀本意是代替别人充当执刀卫士。后来多比喻替别人代笔写文章或替别人管理某事的人。

例句：张文峰生性豪爽，文采出众，乐于助人。他常有床头捉刀之作，赢得了一方口碑。

偃旗息鼓

语出曹操《步战令》："将士在军营中不许拉开弓箭。在大军行进的时候，如想调试弓弩，可以拉开，但不准搭箭。队伍刚出军营的时候，要举直矛戟，展开旗子，擂鼓。走出三里地之后，才可以随便地斜扛矛戟，卷起旗子，停止击鼓。"

曹操攻入邺城后，将冀州和青州的降卒大批地编入了自己的部队，军队数量迅速膨胀。面对这种情况，曹操越来越感到建立一支纪律严明、战斗力强的军队是当务之急。为了建立这样一支军队，曹操身体力行，耗费了大量心血，其中最重要的就是依法治军。曹操为了整顿军纪，制定了一系列法令，如《军令》《船战令》《严败军令》《论将令》《步战令》等，使行军打仗有章可循，这对于提高军队素质、增强部队战斗力有着重要意义。

偃：放倒。息：停止。“偃旗息鼓”即放倒军旗，停敲战鼓。指军队隐蔽行踪或停止战斗。现多比喻事情停止或收场。其近义词为“销声匿迹”，反义词为“大张旗鼓”。

例句：经过一天的激战，双方都偃旗息鼓。

思若涌泉

建安二十二年（217）春，中原瘟疫流行，死者无数。王粲不幸染上瘟疫，死于邺城，年仅四十一岁。曹植非常悲痛，写下了一篇《王仲宣诔》，盛赞王粲：“文若春华，思若涌泉，发言可咏，下笔成篇，博闻强识，才艺兼赅。”曹操对曹植的文学才华向来钟爱，读过他这首诗后，赞扬有加说：“植儿用‘思若涌泉’来比喻王粲的才思如喷涌的泉水源源不断是十分贴切形象的!”

王粲，字仲宣，山阳高平（今山东邹县西南）人。在建安文人集团中，除三曹之外，当数此人，刘勰称之为“七子之冠冕 ”。

曹操平定河北、定都邺城后，王粲投奔他的麾下，被封为郎中。一次，王粲和曹操同行，共读道旁一石碑，同行的人早听说王粲博闻强识，便指着碑说：“仲宣能马上背出全部碑文吗?”曹操看着王粲等待回答，王粲坦然自若，笑着说：“这有何难?”于是扭过身去，背诵如流，竟一字不错。曹操听过，极力赞赏。在邺城期间，王粲常与曹操唱和诗赋，深得曹操喜欢。尤其他写的论文更是出类拔萃，常常是“举笔便成，无所改定”。王粲多次跟随曹操南征北战，建安十四年随军在谯作战，十六年西征马超，十七年南征孙权，二十年再战官渡，二十一年南征东吴，可以说和曹操结下了深厚感情。难怪曹植当时写下《王仲宣诔》后，曹操极力推崇。曹操对王粲的喜爱之情于此可见一斑。

思若涌泉：现常用来比喻一个人的才思充沛敏捷。近义词有“出口成章”“落笔成文”等；反义词有“文枯思竭”“词穷才尽”等。

例句：老弟才华横溢，思若涌泉，真是大家手笔呀！

注释

王粲（177—217），字仲宣。山阳郡高平县（今山东微山两城镇）人。东汉末年文学家、官员，“建安七子”之一，太尉王龚曾孙、司空王畅之孙。

王粲自少即有才名，为学者蔡邕所赏识。初平二年（192），因关中骚乱，南下投靠荆州牧刘表，客居荆州十余年，有志不伸，心怀颇郁郁。建安十三年（208），丞相曹操南征荆州，刘表之子刘琮举州投降，王粲也归于曹操，深得曹氏父子信赖，被赐爵关内侯。建安十八年（213），魏王国建立，王粲任侍中。建安二十二年（216），随曹操南征孙权，于北还途中病逝，终年四十一岁。

绝妙好辞

语出《世说新语·捷悟》。一次，杨修跟随着曹操路过曹娥碑，见石碑的背面题写着“黄绢、幼妇、外孙、齑臼”八个字。曹操不解地问：“德祖，你知道这是什么意思吗?”杨修字德祖，弘农华阴（今陕西华阴县东）人。他才学超群，思维敏捷，曹操十分器重他，二十五岁便委以主簿重任，掌管宫廷机要，主办朝廷事务。当时见曹操问自己，便说：“知道。”曹操忙说：“你暂时不要回答，让我考虑考虑。”车马行走三十里远后，曹操才开口说：“我知道何意了。”于是命令杨修解释此文的意思，杨修说：“黄绢是有色之丝，二字合二为一是‘绝’字；幼妇为少女的意思，二字合为‘妙’字；外孙，是女儿之子，二字合为‘好’字；齑臼（捣姜、蒜的器具），是受辛之意，二字合为‘辤’（‘辞’的异体字），四字相连为‘绝妙好辞’。”曹操一听与自己理解得毫无二致，感叹道：“我的才能比不上德祖，真是相差三十里啊。”“绝妙好辞”原用来指曹娥文章辞赋写得好，现常用来夸奖美好的诗词。

例句：老兄能写出如此绝妙好辞，足见深功厚底呀！

想当然

语出《后汉书·孔融传》。孔融，字文举，鲁国人，是孔子的第二十世孙。书中有这样一段记载：“初，曹操攻屠邺城，袁氏妇子多见侵略，而操子丕私纳袁熙妻甄氏。融乃与操书，称‘武王伐纣，以妲己赐周公’。曹不悟，后问出何经典。对曰‘以今度之，想当然耳’。”

此段译成白话文是：当初，曹操攻克邺城后，袁绍家的妇孺有很多遭到凌辱。而曹操的长子曹丕私下迎娶了袁熙的妻子甄氏。孔融听说这一消息后，马上写信给曹操，说“武王代纣后，把殷纣王的爱妃妲己赐给了他的弟弟周公旦”。曹操看不明白什么意思。事后，曹操问孔融这句话是出自什么经典。孔融回答说：“用现今发生的事情推测，想当然罢了。”原来，孔融对曹丕纳甄氏为妻十分不满，便含沙射影，借古讽今，编造这一故事来嘲笑挖苦曹丕这一做法。

想当然：据推想，应该是这样。现在，人们把凭主观想象提出自己与事实相悖的观点和看法的情况称为“想当然”，比喻不顾实际情况，只凭主观臆断。

例句：做任何工作都要注重调查研究，掌握第一手资料。千万不能凭想当然办事，那样会造成损失的。

去往两难

语出蔡文姬《胡笳十八拍》：“喜得生还兮逢圣君，嗟别稚子兮会无音。……去往两难兮难具陈。”意思是：忽然听说汉朝曹丞相派使带来诏书，用千金代价赎我回国，能够回去见圣君我欢喜万分，可丢下心爱的孩子让我痛断肝肠，归家之乐和别子之痛，这两样选择让我实在难以陈说。

蔡琰，字文姬，东汉著名学者蔡邕之女。她自幼在父亲教育和熏陶下，博学多才，不仅写得一手好文章，还精通乐律。建安元年，关中大乱，蔡文姬不幸被匈奴兵掳去，匈奴首领左贤王见她年轻貌美，气度不凡，娶她为妻。蔡文姬在匈奴一住就是十二年，并为左贤王生下两子。

曹操占领邺城后，念及他和蔡邕的师徒之情和蔡文姬的出众才华，便派人用重金将她赎回。左贤王不准她带两个儿子，蔡文姬思乡情切，不得不忍痛割爱。她由于挂念在大漠的两个儿子，写下了一篇充满感情的骚体诗《胡笳十八拍》，抒写她归汉时与孩子泣别的一段，尤为感人肺腑，催人泪下，曹操接见她时，谈到这一段时感慨地说：“……‘去往两难兮难具陈’，这句诗不是写出来的，而是从心里喷发出来的呀！这首诗将会永传后世的。”

去往两难：原意是去也不好，留也不好，现用来比喻两难选择，怎样做都为难。

万不得已

曹操在《存恤令》中说：“自顷以来，军数征行，或遇疫气，吏士死亡不归，家室怨旷，百姓流离，而仁者岂乐之哉？不得已也。”

这段话译成白话文为：“自近年来，军队屡次征战不息，有的饱受瘟疫瘴气之苦，军吏士卒，有不少死亡不能回家，家中哀怨，村里空旷，老百姓流离失所。像这样的情形难道是仁人想见到的吗？这实在是万不得已。”这段话表明了曹操的战争观：战争是残酷的，人们希望和平，但为了结束动乱，保证和平，不兴师动武是不行的。

建安十四年，也就是赤壁之战的第二年，曹操回到老家谯县，看到战争给家乡带来的创伤和苦难，他锥心痛苦。对赤壁之战进行了深刻反省。本来这一仗比官渡之战好打，比邺城之战好打，比北征乌桓更好打，然而在这里却输了，而且输得很惨。这是他心中永远的伤痕。他总结了失败的五条原因：一是北方人不习水战；二是不服水土；三是瘟疫蔓延；四是麻痹轻敌；五是当时正赶上日食出现，东南风起。于是他总结经验，重整旗鼓，一方面操练水军，推行屯田，壮大实力，以利再战；另一方面抚恤战死将士家属和桑梓百姓。他明确规定，凡死者家属，没有产业不能自谋生活的人，官府要供给粮食，县吏要照顾抚慰。他的这一政策的实行受到了家乡父老乡亲的普遍欢迎和爱戴。

“万不得已”中的“万”极言多。意思是实在没有办法，不得不如此。它的近义词有“迫不得已”“万般无奈”等。

例句：我不到万不得已的情况下是不会麻烦领导的，敬请谅解。

势在必然

在曹操北征乌桓取得胜利后，辽东太守公孙康送袁尚、袁熙首级到来，“这正在曹操算料之中”。文武大臣问其中道理，曹操说：“公孙康平素怕袁尚等人，我若急攻，他们就合力抵抗。我缓兵不攻，他们便各自图谋，相互残杀，势在必然。”

事实上的确如此。袁尚、袁熙二人兵败带数千骑兵奔辽东，开始公孙康怀疑有鸠夺鹊巢之意，本想骗袁尚、袁熙二人入城杀之，但又怕曹操带兵攻打辽东，想留下他们作为自己的助手，因此，踌躇不决，派人刺探曹操动静。

公孙康对于袁尚、袁熙二人，只是推病不见。后探得“曹操兵屯易州，并无下辽东之意”，公孙康这才放心，请袁尚、袁熙二人入见。

而袁尚、袁熙二人此时正在依计行事。原来，在逃往辽东的路上，袁尚就对袁熙暗授机宜：“曹操今日大军逼近辽东，公孙康正在用人之际，他肯定会收留我们。辽东拥有数万军队，山高路险，物产丰富，粮食充裕。他们足以和曹操抗衡，现在我们暂时投奔他，然后慢慢找机会杀了公孙康，拿下这块地盘，作为立身之地。然后招兵买马，收编袁家旧部，积聚力量，全力攻曹，河北就可以恢复了。”

袁尚、袁熙二人被公孙康安排在驿馆，好吃好喝养得红光满面。这天听说召见，便欣然前往。

公孙康于席间一声令下，刀斧手扑上前去，砍下了袁尚、袁熙二人的头颅。用木匣盛贮，写下书信，派人送给曹操。

“势在必然”显示出了曹操工于心计，神机妙算。后来常用来形容形势的发展一定会出现这样的结果。

例句：中国在全球影响力的提升势在必然。

覆巢之下无完卵

语出南宋刘义庆《世说新语·言语》：孔融被收，中外惶怖。时融儿大者九岁，小者八岁，二儿故琢钉戏，了无惧容。融谓使者曰：“冀罪止于身，二儿可得全不？”徐进曰：“大人，岂见覆巢之下，复有完卵乎？”寻亦收至。

这段话译成白话文大意是：孔融被抓，家中的人都惊恐不安，非常害怕。当时，孔融有两个儿子，大的九岁，小的八岁，两个孩子正在做游戏，没有一点儿害怕的神色。孔融恳求抓他的人说："希望只治我罪，放过我的两个儿子行吗？"家仆徐进说："大人，哪里见打翻了的鸟窝下还有不碎的蛋?"不久，曹操果然下令把两个儿子一道捉拿归案。

因为政治上和曹操的尖锐矛盾，汉献帝建安十三年（208），曹操在忍无可忍的情况下，决心彻底消除隐患。在曹操的授意下，郗虑为孔融罗织了多个罪名，路粹操笔写成控告诉状，让孔融下了大狱，依法处死。当时，曹操亲自草拟《宣示孔融罪状令》，将更多的人知道了杀死他的理由。从这里可以看出，曹操作为政治家，他的温和和严酷是集于一身的。他用人之策表面上很宽松，但实质上很严格。他一方面重用人才，另一方面不断淘汰和惩处与国家大政方针闹对立耍小聪明的人。像孔融之类好坐而论道，惯于指手画脚、搬弄是非、误政乱国，曹操是绝不手软的。在这方面可以说他有铁的心肠、铁的面孔、铁的手腕、铁的原则。

覆巢之下无完卵：原意是鸟巢倾覆，鸟卵也会随着跌破。这里指已遭灭门之祸，不会有一幸免。后来比喻整体毁灭，个体不可能幸存。

例句：我们必须团结一致，共同对外，否则，覆巢之下无完卵，只能付出更大的代价。

智深虑广

语见曹操《表青州刺史刘琮令》："青州刺史琮，心高志洁，智深虑广，轻荣重义，薄利厚德，蔑万里之业，忽三军之众，笃中正之体。"

这段话的大意是：青州刺史刘琮，心胸宽广，品行高洁。智谋渊深，考虑长远。轻看荣华，重视道义。淡泊名利，以德为重。舍弃万里江山，牺牲三军之众，全心全意为了汉朝统一大业。

刘琮，山阳高平（今山东微山西城）人，荆州牧刘表次子。刘表死后，继承刘表官爵。当曹操大军南下时，他在舅父蔡瑁及谋士蒯越、韩嵩、傅巽等人的劝说下归降曹操。曹操很高兴，封他为青州刺史。

曹操作为伟大的政治家、军事家，成为当时汉朝实际的领袖，主要是唱好了三部曲。第一部曲是“奉天子以令不臣”，第二部曲是兴屯田以蓄军资，第三部曲是广揽人才。换句话说，曹操第一步是政治上占主动，第二步是在经济上打基础，第三步是在人事上铸优势。足见曹操在能力上出类拔萃，超越众人。

曹操起用人才智深虑广，指既有计策，又纳叛，化敌为友，是非常人所能比拟的。像荀彧、郭嘉、许攸、贾诩、陈琳等谋士文豪原在袁绍部下，他都用之不疑。像张辽、张郃、高览、徐晃、庞德、文聘皆为降将，他都委以重任。正因为曹操能不拘一格，招贤任能，所以他的麾下人才济济。文武兼备，真可谓猛将千员，谋士如云。

刘琮投降，使曹操兵不血刃，占据荆州，威震天下。他对刘琮关爱备至，不仅封他为青州刺史和列侯，后来还亲自上书，称“虽封列侯一州之地，犹恨此宠未副其人”。意思是，虽然已经封他一州之地和列侯，但想这一酬报不能抵得住他的功劳。他力陈己见，表奏献帝封刘琮为谏议大夫、参同军事，足见他对刘琮不薄。曹操这种能够包容一切的用人胸怀为他统一天下奠定了坚实基础。

智深虑广：智，聪明智慧；虑，谋划，考虑。形容谋划周密，考虑长远。近义词有“足智多谋”“神机妙算”“智谋超人”等。

例句：老领导智深虑广，德高望重，我由衷佩服。

怒不变容

语见《三国志·后妃传》："太祖悦曰：'怒不变容，喜不失节，故是最为难。'"意思是，曹操高兴地说："怒能够不变颜色，喜悦能够不失分寸，这是最难做到的。"

这是曹操评价卞氏夫人的一段话，缘起两个故事。

一是曹操在洛阳朝中为官时，董卓作乱，曹操行刺董卓未遂，急忙乔装打扮逃出京城到山东避难。这时袁术传来了曹操遇难的噩耗，跟随曹操到洛阳的人都打算回老家去。卞氏见状，怒火中烧，十分生气。但她没有发作训斥，而是心平气和地给他们讲道理："曹君目前吉凶真相不可知，今天如果大家都走了，而明天证实曹君仍然安好，大家还有什么颜面再来相见呢？况且即使大祸临头，大伙儿一块儿死，有什么可怕的！"人们听了她的话，都继续留在了洛阳。事后曹操听说了这件事，认为她很了不起。

二是当曹丕被立为太子时，宫中不少人向她祝贺说："将军立太子，天下人没有不高兴的，您应当尽出府藏，全部用来赏赐，以示庆贺。"卞夫人说："君王自己认为丕儿年纪最大，所以立为继承人，这会儿我只能庆幸免受'无教导之过'的罪责而已，有什么值得夸耀的呢？"

卞氏原本是个娼家女，曹操当年回老家谯县时，发现她容颜艳丽、出类拔萃，便纳她为妾，时年二十岁。卞氏随曹操到洛阳后，一直陪侍在曹操身边，将他照顾得无微不至，很得曹操喜欢。建安初年，原配丁夫人被废后，曹操便扶她为正室。诸子中没有母亲的，曹操便让她全部照顾教养他们。卞氏夫人视为己生，精心抚育，曹操对此十分满意。建安二十四年，曹操特意颁令立卞夫人为王后。策书上说："夫人卞氏，抚养诸子，有母仪之德。今进位王后，太子诸侯陪位，群卿上寿。"曹操对卞夫人感情笃深，宠爱有加，十分信任。两人相濡以沫，不愧为一对模范夫妻。

怒不变容：容，脸色。意为内心的愤怒不在脸色上表现出来。后人常用来形容有涵养和气度的人。近义词有“怒不改色”“怒不动容”等。反义词有“怒形于色”“怒发冲冠”等。

例句：他怒不变容，喜不改节，很有涵养。

以白为黑，欺天罔君

语出《三国志·武帝纪》，曹操颁发的《整齐风俗令》曰：“阿党比周，先圣所疾也。闻冀州俗，父子异部，更相毁誉。昔直不疑[1]无兄，世人谓之盗嫂；第五伦伯鱼[2]三娶孤女，谓之挝翁；王凤[3]擅权，谷永[4]比之申伯[5]；王商[6]忠义，王匡[7]谓之左道。此皆以白为黑，欺天罔君者也。吾欲整齐风俗，四者不除，吾以为羞。”

这段话的意思是：结党营私，是古代圣贤所痛恨的。听说冀州的风俗，儿子分属两派，互相诽谤。历史上有过这样的事：直不疑没有哥哥，别人却说他与嫂嫂私通；第五伦伯鱼三次娶没有父亲的孤女为妻，有人却说他殴打岳丈；王凤擅权，谷永却把他与申伯相比；王商忠义，王匡却说他搞歪门邪道。这些都是以白为黑，欺骗上天、蒙蔽国君的例子。我想整顿社会风气，像以上这四种现象不除掉，我以为是耻辱。

曹操平定冀州后，成麻袋地收到无中生有、颠倒黑白的匿名信，曹操对此深恶痛绝。他由此及彼、举一反三，总结汉代历史，分析社会万象，下了这道《整齐风俗令》。曹操认为，这种攻击陷詈的行为，不单纯是个人品德修养的问题无关大局，而会动摇朝廷的政治清明，对社会的稳定和政权巩固都是一种严重的负面影响，必须痛下决心，根除这种弊端。因此，他首先从立法上入手，先后下达了《禁用诽谤令》《清时令》《礼让令》《不得报私令》《禁厚葬令》《明罚令》，让人们有章可循，有法可依，做到令行禁止，一视同仁。其次广建学校，大力发展教育事业，使社会风气得到了根本好转，人们的文化文明程度迅速提升，深受广大人民群众的拥护和欢迎。

以白为黑，欺天罔君：罔，蒙蔽。表现了曹操对不良社会风气的切齿痛恨。后来此话演变为“颠倒黑白，欺上罔下”，意为欺骗上级，蒙蔽同僚和下属。近义词有“颠倒黑白”“混淆是非”“指鹿为马”“欺上瞒下”“欺世盗名”等。

例句：你“以白为黑，欺天罔君”，大家心明如镜。别看得意一时，终究不会有好下场。

注释

[1]直不疑，南阳（今河南南阳）人。在汉文帝的时候，他曾经担任侍从官。他的同房侍从官有张官和李官（张、李资料不详），一次张官回家探望生病的母亲，匆匆拿了一袋金子就走了。不久后李官发现自己少了一袋金子，便怀疑是直不疑偷的。李官找到直不疑训了他一顿，还要他还金子，直不疑知道是张官匆忙之中拿错了，没有辩解，一声不响地受着责备，还垫付了一袋金子。不久后，张官回到了宫里，给了李官一袋金子，说是自己匆忙中拿错了，请他原谅。李官的脑袋轰的一声，马上去向直不疑道歉，而直不疑却很大度地说：“没关系，以后我们还是好朋友!”直不疑的事情被传开了，远近的人都称赞他的美德。后来，直不疑逐渐升官，做到了太中大夫。在一次上朝的时候，有位官员诽谤他说：“直不疑相貌很美，但是却偏偏要与自己的嫂子私通!”直不疑听后，只是平静地回答说：“我是没有兄长的。”仅此而已，他终究没有为自己辩白。七国之乱的时候，直不疑以二千石官员的身份带领军队参加了平叛战争。景帝后元元年，直不疑被任命为御史大夫。天子表彰平定七国之乱的有功人员，直不疑被封为塞侯。汉武帝建元元年，直不疑与丞相卫绾都因为过失而被免官。

[2]第五伦，字伯鱼，京兆长陵人。历任会稽太守、蜀郡太守。元和三年，辞职逊位。后数年卒，时年八十多岁。

[3]王凤（？—前22），西汉外戚、权臣，字孝卿，生于魏郡元城（今河北省大名县东），阳平顷侯的长子、汉孝元皇后王政君的同母哥哥。他主政时，罢免了丞相王商，强迫定陶王回藩国，处死了王章。初为卫尉，永光二年（前42）嗣父爵为阳平侯。

汉成帝即位后，王凤为了巩固权位，着力排除异己，进而挟持皇帝。京兆尹王章劾奏王凤，并荐以代之。王凤闻讯，以辞职相要挟，成帝只得命尚书劾奏王章，诬以大逆罪，结果王章死于狱中，令人为之侧目。

建始元年（前32），王凤诸弟谭、商、立、根、逢时同日被封侯，郡国守、相、刺史皆出其门。王氏诸侯争为奢侈，后庭姬妾各数十人，僮奴以千百数。王氏“群弟世权，更持国柄”，最后促成王莽代汉，加速了西汉王朝的灭亡。阳朔三年（前22）病死。

大臣们在汉成帝面前，经常举荐刘向的小儿子刘歆，称其博学有才。皇上召见刘歆时，他诵读诗赋，皇上很高兴，欲封他做中常侍（虚衔官名），命人准备好官服。正准备加封时，旁边大臣们说：“大将军还不知晓此事呢。”皇上说：“此等小事，关大将军何事？”大臣们执意要（皇帝）通知王凤。皇上拗不过，于是告知王凤要封刘歆的事情，王凤不同意这么做，此事就此搁浅。王凤重权，可见一斑。

[4]谷永，字子云，长安人。西汉时期官员。本名谷并，据说因尉氏男子樊并造反，改名谷永。因御史大夫繁延寿听说他才德优异，拜任他为自己的属吏，后举荐他为太常丞。

汉成帝刘骜即位时，把政事委托给大将军王凤，谷永知道王凤刚刚被信任而掌权，于是依附王凤。后出京师做了安定太守。后王凤薨，成都侯王商代替他做了大司马卫将军，谷永于是升迁为凉州刺史。

元延元年，为北地太守。做北地太守一年多，卫将军王商薨，曲阳侯王根做了骠骑将军，推举谷永，征召入京做大司农。一年多后，谷永生病，两个月后，有司上奏请求免去谷永的职位。几个月后，谷永死在家中。

[5]申伯，西周厉王至宣王时期人，炎帝部落，姜姓，申国公子诚，周厉王的妻舅，周宣王的母舅，申国（在今河南省南阳市）开国君主。中华谢氏始祖。周代实行“赐姓命氏”制度，按血统赐姓，以国名、地名、职官名等等而命氏。天子分封给臣下土地，必须立一个新宗，即所谓的“致邑立宗”。新立的宗需要有一个名称，就是“氏”。

[6]王商，字子威，西汉涿郡蠡吾人。王商年轻时任太子中庶子，以严肃恭敬性格忠厚知名。父亲死后，王商继承父亲的封爵为乐昌侯，他推让财产，将财产分给诸位异母弟弟，自己什么也没留下，在丧期之中悲伤哀痛。

汉元帝时，为右将军、光禄大夫，保护太子刘骜的储位。汉成帝刘骜继位，改任左将军。前 29 年 3 月，王商为丞相。前 25 年，王商被弹劾免相，三日后去世，谥号戾。

[7]王匡（生卒年不详），字公节，中国东汉末年的地方军阀。兖州（位于今山东省泰安市东北方）人。官至河内郡太守。起初，在大将军何进手下，担任大将军府掾。何进去世后，受拜为河内郡太守。执政时，与各地群雄，同时起兵来讨伐董卓。最后，因妹夫的亲属和曹操的联手攻击，而离世。在史书《三国志》和《后汉书》中，皆有叙述到相关事迹；但是，没像其他人一样，拥有个人传记。

自投罗网

语出曹植的《野田黄雀行》一诗。这是他为悼念亡友丁仪、丁廙兄弟及其全家而作。诗中写道：“高树多悲风，海水扬其波。利剑不在掌，结交何须多？不见篱间雀，见鹞自投罗！”

丁仪，字正礼，沛郡（今安徽省宿县西北）人，生于灵帝建宁三年（170），卒于黄初元年（220）。丁廙，字敬礼，丁仪的同胞弟弟，生于灵帝熹平四年（175），和其兄同时被曹丕所杀。两人都是曹魏时代的文学家，邺下文人的重要成员。

丁氏兄弟的父亲丁冲和曹操关系非常密切。曹操为司隶校尉时，丁冲就常写信赞扬曹操的“匡佑”之志，并劝说曹操迎汉献帝于许昌，“挟天子以令诸侯”。曹操听从了他的建议，取得了中原霸主的地位，因此曹操十分感激丁冲。

丁冲死后，丁氏兄弟投奔到了曹操麾下。由于兄弟二人颇有才学，深得曹操器重，曾想把爱女嫁给丁仪作妻。丁仪与弟弟丁廙都很敬慕曹植的为人与才华，经常与其在一起饮酒交心，吟诗作赋。曹操当初有意立曹植为太子时，丁氏兄弟极为赞同，并做了大量工作。曹丕闻之，一直对二人耿耿于怀，忌恨在心。

曹操死后，曹丕在邺城继魏王位。他挟嫌报复，大开杀戒，将丁氏兄弟及其家人全部处死。曹植看到丁氏兄弟及全家被杀自己不仅无力相救，而且自己随时都有生命危险，心里充满了强烈的悲愤和忧郁。他回想父亲在世时自己被宠，结交颇多，朋友间有何困难或危险时，总能鼎力相助。而现在不但束手无策，还成了任人摆布的对象，因此写下了《野田黄雀行》这首诗。

在这首诗中，曹植先责备自己，当初何必恃才傲物、树大招风，因争太子之位险遭杀身之祸。以致现在许多朋友因为自己而失意或罹难，自己却无可奈何。曹植是一位喜交游，重友情的人，现在却呼喊出与自己本性格格不入的话来，将自己化作被人捕杀的小鸟，可见其内心的悲苦创伤是多么深重。

“自投罗网”表现了曹植对曹丕行为的无比愤恨。后人用来比喻自己投进绝境送死。

例句：现在我们来个守株待兔，让犯罪嫌疑人自投罗网。

不遗其力

语出曹操《分封诸将令》，文中说："与诸将士大夫共从戎事，幸赖贤人不爱其谋，群士不遗其力，是以夷险平乱。"这段话的意思是：和众位将领谋士一起南征北战，依靠谋士尽力献计策，将士们全力以赴英勇奋战，因此才化险为夷，平息动乱。

曹操是个懂得报恩、忠厚义气的人，从《分封诸将令》一文中可略见一斑。

建安十七年（212）春，曹操西征马超凯旋，汉献帝嘉其功劳，增加他的封地。曹操此前的爵位是武平侯，食邑是武平县的一万户，这在汉朝历史上是分封的最高规格了。汉献帝为曹操破了例，又把武平县周边的阳夏县、柘县和苦县增加为曹操的食邑范围，使食邑数累计达到三万户，可以说，这是史无前例的封赏。

时年曹操五十八岁，这次由他亲自指挥的远征取得了大胜，邺城沉浸在胜利的喜悦中。曹操在铜雀台上大宴群臣，一方面发表了著名的《让县自明本志令》，表明了自己不愿接受封地的衷心："荡平天下，不辱主命。可谓天助汉室，非人力也。然封兼四县，食户三万，何德堪之！"另一方面将自己的封地所得赏于众人。"今分所受租与诸将掾属及故戍于陈、蔡者，庶以畴答众劳，不擅大惠也。"意思是现在把封地的粮食分给众位将领以及在陈、蔡两地战死的士兵家属，可以用这来答谢众位将士的功劳，不敢独自享用朝廷的恩惠。

曹操知恩图报的事情很多，从他不忘当年指路人桥玄，到他当上魏王后亲自盛情款待第一次推荐自己任洛阳北部尉职务的司马防；从他重金赎回自己恩师蔡邕之女蔡文姬到提拔重用替自己坐牢的夏侯惇，这样的例子不胜枚举。所以罗贯中在小说《三国演义》中把曹操写成大奸不义之人，实在是对他的歪曲。正因为曹操懂得报恩，所以才使文武之才云集于麾下，乐于为之尽心竭力，为曹操事业走向成功铺出了一条金光大道。

不遗其力：遗，留下。意思是不留下自己剩下的力量。指毫无保留地使出自己的全部能力。曹操引自《战国策·赵策》，王曰："秦之攻我也，不遗其力。"现人们多用不遗其力。近义词有"全力以赴""竭尽全力""尽心尽力"等。

例句：现在我们要不遗其力，一鼓作气，乘势而上，夺取彻底胜利。

快刀斩乱麻

这一成语源于曹操在铜雀台上举办的一次家庭智力竞赛。

曹操是一位十分注重培养子女的人，无论在军事上、政治上，还是在生活中，总是身体力行，殚精竭虑。

有一天，风和日丽，他在铜雀台上举办了一个家庭智力竞赛，借此测试几个儿子的智商高低。他让儿子们依大小排坐在桌案前，派人拿来一团乱麻，让他们由长到幼，依次按规定的时间将这些乱麻理出头绪。并且规定，除了用手外，还可以借助工具。谁先完成，谁即为优胜者。

老大曹丕率先站出来走到桌案前，他拿起乱麻左瞧瞧，右看看。向上拉拉，向下拽拽。摆弄来摆弄去，时间已到。乱麻不仅没有理出头绪，反而弄得乱上加乱。老二曹彰接过之后，用力甩来甩去，连扒拉带揉，无可奈何。时间已到，只好认输。老三曹植是个很有心计的人，他发现老爹出这个题目看似简单，其实根本无从下手，暗暗寻思可能是老爹想借机说明某种道理，应该洗耳恭听。于是便面向曹操笑了笑，马上宣布认输，把乱麻团交给了小弟曹冲。

曹冲年纪虽小，但天资聪颖过人，几位哥哥的举动，使他已经心中有数，他拿起乱麻，嘿嘿一笑，说："这有何难？"他喊人取来一把磨得飞快的菜刀，将乱麻放在案板上。只见他右手举起刀，"嚓"的一声将乱麻拦腰斩断，再用手稍一整理，一团乱麻转眼间变成了一条条顺顺的麻丝。曹冲在这场智力竞赛中自然成了优胜者。曹操满意地笑不拢口，连声夸赞。曹冲的三位哥哥恍然大悟，由衷佩服弟弟的聪明才智，纷纷为他鼓掌祝贺。

这个故事对人们很有启发，常常用来说明干脆而迅速地解决复杂的问题。近义词有"当机立断""刚毅果决"等。反义词有"优柔寡断""犹豫不决"等。

例句：遇到复杂问题要快刀斩乱麻，果断处理。不要迟疑不定，拖泥带水。

箭在弦上，不得不发

语出罗贯中《三国演义》第三十四回"夺冀州袁尚争锋　决漳河许攸献计"。"操方欲起行，只见刀斧手拥一人至，乃陈琳也。操谓之曰：'汝前为本初作檄，但罪状孤可也，何乃辱及祖耶？'琳答曰：'箭在弦上，不得不发耳。'"曹操的话译成白话文："你以前替袁绍写文告，顶多骂我归罪我也就罢了，为什么连我的先祖一起骂进去呢？"陈琳谢罪说："这就像箭搭在弦上，不得不射出去呀！"

陈琳，字孔璋，广陵（今江苏扬州）人，"建安七子"之一。他投奔盘踞邺城的冀州牧袁绍后，任记室一职。建安五年（200）正月，袁绍依仗兵力和装备优势，率倾国之兵攻打曹操。临行前，命陈琳写下了讨伐曹操的檄文。陈琳在文中历数曹操罪状，把曹操骂得狗血喷头，一无是处，十恶不赦，而且将其父亲和祖父都带了进去。正患头痛病的曹操卧读檄文，大惊失色，翻身而起，一身冷汗后头痛病居然好了。

官渡之战，袁绍一败涂地，不久邺城被攻克，陈琳做了俘虏。曹操一见陈琳，想起檄文一事怒火中烧，厉声责问。陈琳慌忙谢罪，以“箭在弦上，不得不发”应对。意思是说当时也是身不由己，不得不那样做。曹操听了仰天大笑。左右劝曹操杀了陈琳。曹操因爱他文才极高，便以各为其主说服部下。不仅赦免了他，而且任他做了司空祭酒，陈琳感激涕零。此后，陈琳一心追随曹操，起草了大量文书和檄文，还写了不少诗赋名作，在中国文学史上占有一席之地。

“箭在弦上，不得不发耳”的回答堪为经典，正是这句妙答使陈琳化险为夷。

陈琳当时可以说命悬一线，因为那个时代公开骂人祖宗是非常犯忌的事；曹操当然大度爱才，可涉及忠孝等大是大非问题，杀才也很正常。当时问话看来随意，其实杀气腾腾。因为当时，在问陈琳之前，他的上司审配在曹操问话中拒不配合，就被曹操判了个斩立决。

好个陈琳，无愧才子！以区区九字化解了危机。

檄文白纸黑字，“罪行”昭昭，无可争辩。对曹操的提问，如果陈琳选择默然，可能不会有好结果，因为曹操素来不喜欢被问人随便享受“沉默权”。史载，吕布大将高顺被擒，曹兵把他带到白门楼下。当曹操问“汝有何言”时，他不接腔，曹操“怒命斩之”。

陈琳如果表已清白，把责任推得干干净净，声称“袁绍命我一定要把您祖父、父亲的黑材料也列上，没办法我不得不写啊”，也大有问题。第一，曹操未必相信，虽然死无对证；第二，直白说主子的坏话，近乎奸臣小人，曹操不会喜欢。如果这样，曹操很可能立马判他死刑。而“箭在弦上，不得不发耳”的回答，比喻含蓄，有虚有实，可见仁见智。

当此之时，陈琳巧妙地用“箭在弦上，不得不发耳”来形容已之处境，“以箭自比，以弦比袁绍，箭非自发，乃弦发之也；操若能为琳之弦，亦愿为操之箭矣”。虽答非所问，但非常睿智，不愧是高超的外交辞令。

实际上，当时是陈琳“兴之所至”。行文至此，他想到了儿子浑蛋必定老子反动的逻辑，于是便收不住笔，骂曹操的祖宗是情理之中的事。无论如何，都有可听可品之处，最终打动了曹操。陈琳不仅保住了项上人头，还被曹操重用。

“箭在弦上，不得不发耳”可谓千古妙答，至今流传不衰。陈琳才思敏捷，名不虚传。

箭在弦上，不得不发：箭已经搭在弦上，不得不发射。意为箭被射出，非己所愿，乃弦之故。常用来比喻自己虽然是执行者，却是被别人指使身不由己，不得不做罢了。“箭在弦上，不得不发”比喻事情到了不得不做或有话非说不可的地步，生动贴切，精练形象。

例句：现在，高考改革已是“箭在弦上，不得不发”。要总结经验，积极探索，不断完善，走出一条符合中国特色的教育新路子。

不知所归

语出《三国志·武帝纪》：“今焚烧宫室，劫迁天子，海内震动，不知所归，此天亡之时也。一战而天下定矣，不可失也。”

汉献帝初平元年（190），诸侯联盟组成关东军讨伐董卓。董卓闻讯，便迁都城于长安，迁徙天子。董卓自己留在洛阳，烧毁了洛阳的宫殿。这时，袁绍屯兵河内，张邈、刘岱、乔瑁、袁遗屯兵酸枣，孔伷屯兵颍川，韩馥屯兵邺城。董卓兵强，袁绍不敢率先进兵。曹操在这种形势下，决定单独行动，用自己的行为带动关东诸将。他率军从酸枣出发，直攻成皋。董卓部下大将徐荣、吕布迎战。曹军大败，曹操被流矢射中，险些丢了性命。他收拢残兵五百余人，撤回河南大营。袁绍在军帐中闻曹操败回，赶紧迎了出来，接入帐中，置备酒席，为曹操压惊。曹操环顾诸将，长叹一声说：“我们举义兵诛除暴乱，大众已经集合，各位还有什么可疑惑的？以往假使董卓起兵西向，他可以倚侍王室以自重，据守险要之地，东向以治天下。虽然他是以天道而主攻，可还是足以为患。现在就不然了，他焚烧了宫殿，劫持天子，迁徙都城，海内为之震动，不知如何是好。这是天亡董卓的时候，一战就可以定天下，机会不可失去。现在都迟滞不进，大失天下所望，我内心感到耻辱啊。”

不知所归：原指不知道归属何人。现用来形容心中无数，不知道结局如何。

例句：做事要胸有成竹，明确目标，不知所归是不行的。

老牛舐犊　先见之明

语出《后汉书・杨彪传》：“愧无磾先见之明，犹怀老牛舐犊之爱。”磾本是匈奴王太子，被汉献帝所宠。他的儿子与宫女淫乱，恐被汉献帝严惩，就亲手先将其诛杀。

杨修是杨彪的儿子。他才高八斗，颇得邺城王公贵族、文人学士的好感。特别是曹植，大有相见恨晚之感，不顾地位和身份的差别，多次登门拜访。杨修也非常佩服曹植的文采，频频和他交往，两人遂成知已。他们常聚在一起或高谈阔论，或吟诗作赋，或饮酒抒情，感情深厚，志同道合。杨修多次为曹植出谋划策，深得曹操好感。

建安二十四年（219）秋，曹操为检验曹丕、曹植是否遵规，设计使其兄弟二人各出邺城一门，但密令门卫不得放行。曹丕列东城门见不准外出，便乘车而归。杨修知道此乃是计，事先对曹植说：“若守门卫不准外出，可立斩之，尽管出城。”曹植照此指点，出城而归。

曹操知道曹植、杨修二人交往非同一般，肯定是他出的主意，十分恼怒，就以“漏泄言教”即督教无方、泄露机密为名赐了杨修死罪。

杨彪，时任五官中郎将，被汉灵帝召为侍中。听到这个消息，便赶到邺城见曹操，恳切地说：“杨修不才，给魏王添了麻烦，很惭愧没有像前朝金日磾那样有先见之明，将其杀掉。但他毕竟是我的儿子，就像老牛舐犊一样，我怎能不怀有亲子之爱呢？”意思是让曹操看他面子，手下留情，放过杨修。

老牛舐犊：意为老牛爱抚地舔着小牛。后比喻父母对子女的慈爱。

先见之明：原意是事先便能看出人的本质，后用来形容预先洞察事物的能力。

例句 1：天下父母哪有不老牛舐犊的，这是人之常情啊！

例句 2：他常有先见之明，因此省去了不少麻烦。

挟天子以令诸侯

这一成语出自《三国志·蜀书》中诸葛亮在与刘备分析当时天下形势时的一段对话：“今曹已拥百万之众，挟天子以令诸侯，此诚不可与争锋。”意思是说，现在曹操已经拥有了近百万的军队，打着匡扶汉室的旗号挟持着汉献帝来号召天下，从现实的眼光来看，确实不应该在这时候去跟他较量抗衡。

这是诸葛亮的一家之言，是封建正统思想导致的偏颇观点。追溯历史，董卓之乱之后，东汉王朝大厦将倾，岌岌可危。汉献帝在朝不保夕，走投无路的情况下，是曹操率兵相救，迁都许昌，才使这位名存实亡的皇帝得以重生。曹操从此平黄巾，灭吕布，征袁术，降张绣，收韩遂，伐马超，战孙权，讨刘备，驰骋疆场，身经百战，统一了中原。他治国有方，对此，毛泽东曾指出："他改革了东汉的许多恶政，抑制豪强，发展生产，实行屯田制。还督促开荒，推行法治，提倡节俭，使遭受大破坏的社会开始稳定、恢复、发展。"曹操对汉献帝忠心耿耿，鼎力扶持，直到临死也不做皇帝，并且还把自己两位心爱的女儿送到宫中，就连唐太宗李世民也盛赞曹操为"哲人"。他在《祭魏太祖文》中说："以雄威之姿，当艰之运。栋梁之任，同乎曩时。匡达之功，异于往代。"他还名为"阿瞒"。如果说曹操"挟天子"的话，堂堂的一国之君哪有这样的评价和用他的小名来自诩的呢！正因为曹操忠于朝廷，李世民才极力推崇，明谕众臣以曹操为榜样，全力以赴巩固唐朝江山。

挟天子以令诸侯这一成语至今广为流传，本意是挟持皇帝借圣旨的名义号令诸侯。后来人们多用于假借某种名义，让别人听从或按自己的想法办事。

例句：领导不会这样说，你这是挟天子以令诸侯，假传圣旨，对于工作我是自有主见的。

三马同槽

语出《晋书·宣帝纪》："魏武帝曹操尝梦三马同食一槽，甚恶焉。因谓太子丕曰：'司马懿[1]非人臣也，必预汝家事。'"三马，指司马氏父子三人。而"槽"与"曹"谐音。三马同食一槽，预示着司马氏将篡夺曹氏政权。曹操梦醒之后耿耿于怀，念念不忘，疑虑重重，担忧司马氏父子抢夺曹氏天下，因此，他郑重其事地对儿子曹丕说："司马懿不是个甘为人下的人，将来必定要坏你的事。"

曹操本打算除掉他，免得子孙对付不了他。但曹丕与司马懿私交甚好，早已言听计从，形影不离，不仅不听父亲劝告，还多方面给予袒护，终于使司马懿免于一死。

司马懿敏锐地感觉到曹操对他的猜忌，于是马上采取对策，表现出对权势地位无所动心，完全一副胸无大志，目光短浅，孜孜于琐碎事务和眼前利益的样子。曹操这才安下心来，消除了对司马懿的怀疑和警惕，以至于被这位年轻人放的烟幕弹所迷惑。

曹操死后，司马懿日益受到重用，出现了司马懿和他的儿子司马师、司马昭把持曹魏军政大权的局势。司马懿精心设计除去曹爽，从此大开杀戒，使司马家族牢牢控制了政权。司马懿死后，其子司马师、司马昭相继执政。他们同父亲一样，表面上谦虚恭谨，骨子里心狠手辣，先后废掉并杀死曹家三个皇帝，灭除了一批又一批反对派，露出了狰狞面孔，以致出现了“司马昭之心，路人皆知”的现象。到了司马昭儿子司马炎手里，终于使朝代更替，做了晋武帝。

三马同槽：原指司马氏意欲夺取曹魏江山，后人用来比喻同掌大权。

注释

[1]司马懿（179—251），字仲达，司州河内郡温县孝敬里舞阳村（今河南省温县招贤镇）人，出身士族，三国时期著名政治家、军事家，西晋王朝的奠基人。曾任职过曹魏的大都督、大将军、太尉、太傅，是辅佐了魏国四代的托孤辅政之重臣，后期成为掌控魏国朝政的权臣。

色厉胆薄

《三国演义》第二十一回有一段“曹操煮酒论英雄”的精彩描述。当曹操提起袁绍时，刘备说：“袁绍，四世三公，门多故吏，今占据冀州之地，部下能事者极多，可为英雄?”曹操听后，不屑一顾，断然否定，冷笑一声说：“袁绍色厉胆薄，好谋无断；干大事而惜身，见小利而忘命，非英雄也。”

“色厉胆薄，好谋无断”是曹操对袁绍的中肯评价，显示出了曹操的远见卓识、知己知彼的雄才大略。

袁绍字本初，河南汝阳人。其高祖父袁安官至汉司徒。在汉末逐鹿中原的群雄中，袁绍拥有冀、青、幽、并四州，甲兵百万，战将千员，谋士如云，声势最高，势力最大。若以其实力而论，本可以称雄于世，干出一番轰轰烈烈的大事业。然而，在和曹操的交锋中，他一败于官渡，再败于仓亭，遂使百万雄兵，土崩瓦解，英雄事业，付之东流，自己落了个吐血身亡的可悲下场。

有句话叫作“披着羊皮的狼”，说心胸险恶的人为了达到不可告人的目的而把自己伪装得温顺驯良，一旦接近了猎物就会露出本来面目。而这世界上也有一种人，他们的本质原来是羊，却偏偏拉起狼皮披在身上，作势吓人。这样做，碰到不识货的家伙，可以蒙过去。可是，如果碰到一只老虎，他就会像那只贵州的驴，在老虎面前咆哮、踢腿、转身三招过后，便成了老虎口中的美餐。袁绍其实就是后人评述的是“披着虎皮的羊”这样一个人。

色厉胆薄：形容那些外表强横而内心怯弱的人。又形容表面上强大，实际上很虚弱的人。它的同义词有“色厉内荏”“外强中干”“羊质虎皮”等。

例句：要想干一番事业必须敢作敢为，不能色厉胆薄，前怕狼，后怕虎，没有半点担当。

纵虎归山

当年，刘备走投无路，寄人篱下，在曹操麾下韬光养晦，等待时机。当听说袁术在淮南众叛亲离，不可自保，想把玉玺亲自送给河北袁绍时，便心生一计，向曹操借兵，诈称在袁术必经之地徐州截击。曹操是个用人不疑、疑人不用的人，便欣然同意了他的请战，奏表献帝，即刻令他率兵前往。

当时郭嘉、程昱[1]都执行军务在外，当回来听说此事后，急忙进谏。程昱说："昔刘备为豫州牧时，我请丞相消灭他，丞相不听；今天又借给他军队，这是放龙入海、纵虎归山呀。"郭嘉说："丞相纵然不杀刘备，也不应该让他走，古人说'一日纵敌，万世之患'，希望丞相认真考虑这件事。"曹操一听，如梦方醒，急派大将军许褚[2]前往追回刘备。

但为时已晚，刘备拥兵自重，以"将在外，君命有所不受"搪塞许褚，并令关羽、张飞手持兵器立于两侧，摆出一副决斗架势。许褚见状，只得领兵而回。刘备果然以此为资本，招兵买马，壮大实力，南征西进，占据益州，形成了"三国鼎立"之势。

"纵虎归山"是曹操的一大失误。这一成语本意指把老虎放回山林，用来比喻放走对自身安全有威胁的人，留下无穷祸患。近义词有"养虎遗患""放龙入海"。反义词有"除恶务尽""斩草除根"等。

例句：让他走如同纵虎归山，十分危险。

注释

[1]程昱（yù）（141—220），字仲德，兖州东郡东阿（今山东东阿）人，东汉后期至三国时期曹魏谋士、名臣、将领。本名程立，因梦中在泰山捧日，更名程昱。曾于东阿率领民众抗击黄巾军。初平三年（192），被曹操征辟为寿张令，从此为其出谋献策、征战四方。

曹操征徐州时，程昱与荀彧留守后方，阻吕布、陈宫大军，保住三城，因功受封为东平相，屯于范县。曹操将汉献帝迁往许都后，任命程昱为尚书，后又为东中郎将，领济阴太守，都督兖州事宜。讨平袁谭、袁尚后，拜为奋武将军，封安国亭侯。

黄初元年（220），曹丕代汉称帝，拜程昱为卫尉，晋封安乡侯。同年逝世，享年八十岁，曹丕亦为之流涕，追赠车骑将军，谥曰肃。

[2]许褚（chǔ），字仲康，谯国谯县（今安徽亳州）人。长八尺余，腰大十围，容貌雄毅，勇力绝人。

年轻时在家乡聚集了数千户人家，共同抵御贼寇。曾有一次因缺粮与贼寇用牛交换粮食，牛到了对方手中后又跑了回来，结果许褚单手倒拖牛尾走了百步，贼寇大惊，不敢要牛就走了。从此淮、汝、陈、梁之地，听到许褚之名都感到畏惧。

后追随曹操，自典韦战死之后，主要负责曹操的护卫工作。官渡之战时发现欲谋害曹操者，将刺客全部杀掉。

渭南之战时，在身披重甲的情况下左手掩面，右手控船桨令曹操安然成功渡河，上岸才发现早已身中数箭。在与马超、韩遂会面时只让许褚相随，其间马超欲袭曹操，但听闻许褚之名兼怀疑从骑就是许褚，便问曹操虎侯安在，曹操指着许褚，许褚怒视马超以令他放弃。

当曹操去世时，许褚哭至吐血，曹丕迁其作武卫将军，负责宫中安全。曹叡继位时封其为牟乡侯，不久去世，谥曰壮侯。

称王称霸

语出曹操《让县自明本志令》：“设使国家无有孤，不知当几人称帝，几人称王。”

曹操定都邺城，主要是看中邺城的地理位置和原有的城池建设基础。他于建安九年攻克邺城之后不久，出于政治、军事方面的考虑，在东征西讨、南攻北战的同时，按王都制度大规模建设邺城。

建安十五年，邺城最富有代表性的标志性建筑铜雀台落成。铜雀台不仅富丽堂皇，巍峨壮观，显示出了无与伦比的王者风范，而且高高耸立，登高可望百里之外，又具有相当的军事设施作用。曹操视察过后，在欣慰之余，回顾自己消灭北方割据势力、平定各路诸侯的经历，大大激发了他统一天下的雄心壮志，于是写下了《己亥令》，即《让县自明本志令》。

这是一道态度鲜明的向天下表明自己心迹的文章。曹操在《让县自明本志令》中首先将二十岁举孝廉到五十岁任魏王的三十年间，自己之所以纵横决荡、奋斗不息的心态告诉大家。曹操十分清楚，自己因强盛消灭了豪强割据势力，平定了北方，必然会遭到他们的“私心批评”，攻击自己有“不逊之志”。但是曹操也清楚地认识到，此时必须急流勇进，不可让位。假如自己不这样做，一定会有很多割据势力或称帝或称王。自己决不能因为遇到恶意攻击就有所动摇，更不能为了“慕虚名”而放弃兵权。因为一旦放弃兵权，豪强就会纷纷起事，重新割据一方，统一事业就会遭到失败。曹操最后明确表示，在割据势力尚未肃清的时候，自己的封地是可以放弃的，但统一的决心是决不能放弃的。

“称王称霸”原为“称帝称王”，自曹操“几人称帝，几人称王”而来。原谓自封为帝王或以首领自居，现在比喻狂妄不已，专横独断之人。

例句：决不可把自己关在小屋子里自吹自擂，称王称霸。（毛泽东《在陕甘宁边区参议会的演说》）

山不在高，水不在深

语见曹操《短歌行》：“月明星稀，乌鹊南飞。绕树三匝，无枝可依。山不厌高，水不厌深。周公吐哺，天下归心。”

这八句诗充分表达了曹操要让天下贤才归心于己、共建大业的宏图壮志。前四句是他对当时形势的冷静分析，运用的是比兴的手法，意思是说在动乱纷争的年代，贤才犹如没有定处的乌鹊，他们需要选择自己投身的对象。“良禽择枝而栖，贤才择主而事”与此同义。他决心用周公“一饭三吐哺”的精神对待贤人，礼遇高人，使天下英雄豪杰来到自己身边。

据考证，他的组诗《短歌行》中的第二首《对酒当歌》就是曹操在赤壁受挫后写的。当时曹操兵分两路南征江南。根据战前部署，曹操亲率西部兵团东进，北部兵团南下。这两路大军两路夹击，目的是待夏口会合之后在这里进行决战。但是，曹操没有想到，在赤壁与周瑜的水军刚一接触便吃了败仗，于是退到长江北岸的乌林扎营。这个决策是正确的，他下面要重新调整部署，让北部兵团火速向这里靠拢。如果两大兵团在这里会师，战势就会实现逆转。所以，这时曹操并没有慌乱，甚至也没有把赤壁受挫放在心上，很快在乌林筑起了水陆两军大营，等待北部兵团的到来。从这首诗中可以看出曹操仍然信心十足，一副天下尽在掌握的感觉。其“胜不骄、败不馁”的精神实在难能可贵。这首诗意蕴沉雄，情调激昂，既有哀伤，有沉思，也不乏进取精神。诗的想象丰富、用语老练、浑然天成，可以说是曹操最有代表性的作品之一，也是建安时期诗歌的最高峰。

“山不厌高，水不厌深。”在这里指曹操渴望人才越多越好的强烈心愿。后用来形容学无止境、知识无边，应该虚怀若谷，勤奋学习，不断增长才干。

横槊赋诗

语出唐代诗人元稹在其《元氏长庆集》中评论三曹时所述：“曹氏父子鞍马为文，往往横槊赋诗。故其抑扬怨哀悲离之作，尤极于古。”宋苏轼《前赤壁赋》也曾写道：“酾酒临江，横槊赋诗，固一世之雄也。”

曹操不仅是一位伟大的政治家军事家，还是一位杰出的文学家和卓越的诗人。在东征西讨期间，曹操“登高必赋，及造新诗”，常常是“昼携壮志破坚阵，夜接词人赋华章”。建安九年（204）攻克邺城后，曹操巡视邺城内外，怀着“忧世不治”的心情写下了《却东西门行》，留下了自己“戎马不解鞍，铠甲不离傍”的征战形象。建安十一年（206），曹操在讨伐高干途中，经过太行群峰，他回首几年来的戎马生涯，环顾层峦叠嶂，吟出了《苦寒行》的诗章，抒发出了自己“延颈长叹息，远行多所怀。我心何怫郁，思欲一东归”的感叹。建安十二年（207）的夏天，曹操北征乌桓凯旋，走到渤海之滨，望着浊浪滔天的大海，他心潮澎湃，欣然而作《步出夏门行》，表达了“老骥伏枥，志在千里。烈士暮年，壮心不已”的情怀，被誉为千古绝句。曹丕、曹植也个个能诗善赋，常常触景生情，有感而发，写下了许多被后人反复吟诵的绝妙好辞。在他们父子的身体力行和倡导影响带动下，形成了中国文学史上占有重要地位的“建安文学”。他们的诗作清俊简约，质朴通脱的文风享誉当时的文坛，被称为“建安风骨”。

“横槊赋诗”是唐代元稹和宋代苏轼对曹操的中肯评述，原指在军旅中于马上执长矛吟诗作赋。现多形容能文能武的豪迈潇洒风度或英雄气概。

例句：这位将军横槊赋诗的气质令人钦佩。

身在曹营心在汉

“身在曹营心在汉”是人们熟知的成语，源于三国时期曹操收降关羽的故事。

曹操亲率大军征讨徐州刘备，刘备落荒而逃，投奔袁绍。曹军把关羽围困在一座土山上，在张辽的极力劝说下，关羽和曹操订立了著名的“土山之约”：一、降汉不降曹；二、赡养刘备两个夫人；三、一旦得到刘备消息，无论千里万里、赴汤蹈火也要投奔兄长。曹操爱才心切，思索再三，最后答应了这样对他来说苛刻的条件。关羽便率兵马下山，投降了曹操。曹操为感化关羽，对他优待有加，三日一小宴，五日一大宴，丰厚赐爵。但关羽不为所动，身在曹营的关羽还几次提醒曹操，自己始终没有忘记故主刘备。后来又斩颜良、诛文丑，解白马之围报答曹操不杀之恩。最后得知刘备在袁绍军中时，便挂印封金，不辞而别。过五关斩六将，与刘备、张飞相聚。因而后人称关羽是“身在曹营心在汉”。这句话在民间流传很广，在戏剧曲艺中也时常用到。

“身在曹营心在汉”成语即出于此。后来常用来比喻人在某地心却怀念异地的亲人，或比喻人在敌对双方的某一方挂职，心却向着另一方。

例句：干工作要心无旁骛，全力以赴，不能“身在曹营心在汉”。

马不解鞍

语出曹操《却东西门行》，“戎马不解鞍，铠甲不离傍”。这是曹操在北征乌桓途中写下的著名诗篇。

北征乌桓是一场艰苦卓绝、历尽磨难的战役。敌军势力强大、将士剽悍不说，单就恶劣的气候条件便令人望而生叹。难怪当年曹操看到行军如此困难，便感慨地说：“早知如此，我军便不来此地了！”置身漠北这样艰难困苦的环境中，曹操突然望见飞翔的鸿雁，有感而发，写下了这首诗。

作者用比兴的手法，一方面表现出了将士从军的艰辛；另一方面也表现了将士为了过上安定团圆的生活，还要征战不息。因为只有通过战争才能实现国家的统一，社会的安定。他希望自己像鸿雁一样行有归止，而不愿与故土永别，战死他乡。这首诗是曹操以军事生活为题材而创作的一首好诗，感慨痛切，情味浓厚，充分体现了作者的人道主义精神，这与他“靖难”的事业心是相互矛盾又统一的。

“马不解鞍”成语即出于此，原指战争紧张和艰苦，后来用来比喻连续奋战或工作的情景。

例句：突击队员马不解鞍，人不解衣，连续奋战，终于夺得了胜利。

老骥伏枥

语出曹操《步出夏门行》“老骥伏枥，志在千里；烈士暮年，壮心不已”。

曹操占领邺城后，袁尚、袁熙仓皇北逃，依附乌桓首领蹋顿单于。这蹋顿单于在袁绍在世时，受了不少恩惠，因此看到他们弟兄两个兵败来投，便热情款待。袁尚、袁熙企图重整旗鼓，卷土重来，收复邺城，成了曹操统一北方的最大障碍。

建安十三年（208）五月，曹操亲自率军北征。七月到达无终（今天津蓟县），由于天降大雨，沿途道路到处是泥泞积水，十分难行，再加上乌桓地势险要，防守严密，战事十分不利。在田畴的带领下，曹操率领精兵从小路出卢龙塞，直捣柳城（今辽宁朝阳西南），在白狼山以迅雷不及掩耳之势突袭蹋顿和袁尚、袁熙联军，大获全胜，俘虏二十余万人。蹋顿在这次战役中被杀，袁尚、袁熙逃到辽东后也被枭首。曹操历尽艰辛，终于平定了北方。在班师回邺途中，写下了《步出夏门行》四篇。最后一篇为《龟虽寿》。全文是：“神龟虽寿，犹有竟时。螣蛇乘雾，终为土灰。老骥伏枥，志在千里。烈士暮年，壮心不已。盈缩之期，不但在天。养怡之福，可得永年。”全诗感情充沛，真挚感人，淋漓尽致地表现了曹操出类拔萃的绚丽文采，同时也展现了他老当益壮的精神境界。抒发了他建功立业、统一天下的雄心壮志和豪迈情怀。

“老骥伏枥”这一成语源于此处。骥，骏马。枥，马槽。本意是良马虽老，伏卧槽头，还想驰骋千里。比喻有志气的人虽然年老，雄心壮志依然不减。近义词有“老当益壮”“老而弥坚”“宝刀不老”等。

例句：您在耄耋之年，仍然笔耕不辍，著书立说，真是老骥伏枥，志在千里呀！

兵贵神速　出其不意

语出《三国志·魏书·郭嘉传》：“兵贵神速，今千里袭人，辎重多，难以趋利，且彼闻之，必为备；不如留辎重，轻兵兼道以出，掩其不意。”这句话的意思是：用兵贵在以超常的速度进击，使敌人难以预料，现在我们途经千里袭击敌人，军械粮草带得太多，不堪重负，对加快行军速度很不利。况且敌军得到我们进军的情报，必然全力准备，攻打就会被动。不如把大量不是必需的军械粮草留下，轻装前进，出其不意地发动进攻，才能取得胜利。

郭嘉[1]是在当年曹操北征乌桓时对曹操说的这番话，那时，曹操攻破邺城，袁尚北逃，投奔驻扎柳城的乌桓首领蹋顿单于，建安十二年（207）七月，曹操决定讨伐蹋顿单于，以清除北方隐患。曹操亲自率兵十余万，从邺城出发，浩浩荡荡，军威雄壮。由于人马辎重太多，加上天常下雨，大军足足走了一个月才走到河间郡的易城（今河北易县）。曹操见行军缓慢，十分着急，无论怎么催促，都无济于事，这时谋士郭嘉便向他献了这一计策。曹操立即采纳了他的建议，率领数千精兵轻装北进。曹操翻山越岭，涉水过河，很快就逼近柳城。在白狼山发动突袭，面对突如其来、从天而降的曹军，蹋顿单于猝不及防，被杀得人仰马翻、七零八落，溃不成军。曹操大获全胜。胡汉投降者达二十余万人，蹋顿单于也死于乱军之中。

兵贵神速：本意指用兵贵在行动迅速。后常用来比喻处事贵在争分夺秒，反应快捷。

例句：兵贵神速，时不我待，咱们现在就去，一鼓作气，就能解决问题。

注释

[1]郭嘉（170—207），字奉孝，颍川阳翟人。东汉末年曹操帐下著名谋士。在曹操征伐乌桓时病逝，年仅三十八岁。

说曹操，曹操到

“说曹操，曹操到”的出处有两个版本。一说源于《三国演义》第十二回“陶恭祖三让徐州　曹孟德大战吕布”。书中说道：“曹操见典韦[1]杀出去了，四下里人马截来，不得出南门；再转北门，火光里正撞见吕布挺戟跃马而来。操以手掩面，加鞭纵马竟过。吕布从后拍马赶来，将戟于操盔上一击，问曰：‘曹操何在？’操反指曰：‘前面骑黄马者是他。’吕布听说，弃了曹操，纵马向前追赶。”明末清初文学批评家毛宗岗对此评论说：“见了曹操，反问曹操；舍却曹操，别赶曹操。谚云：方说曹操，曹操就到。当面错过，岂不好笑。”

另一说源于《三国演义》第十四回“曹孟德移驾幸许都　吕奉先乘夜袭徐郡”。

书中说汉献帝在李傕与郭汜火拼时曾一度脱离险境，然而李、郭二人合兵后继续追拿汉献帝。有人献计推荐曹操，说他平剿青州黄巾军有功，可以救驾。然而信使还没有派出时联军已经杀到，眼看走投无路之际，曹操派夏侯惇前来“保驾”，自己率军在后，将李、郭联军击败。曹操因保驾有功，被加封官爵。当时，随从汉献帝的臣子们感叹地说：“真是‘说曹操，曹操到’啊！”

这一成语收录在《汉典·成语词典》和《中华成语熟语辞海》中，原意不用详解，人人明白。后常用来指正想着或说着某人，某人就恰巧来了，或出现在眼前。

例句：李师傅，我们正在提议去请教你呢，没想到你恰巧来了，真是“说曹操，曹操到”啊！

注释

[1]典韦（？—197），陈留己吾（今河南商丘市宁陵县己吾城村）人。东汉末年曹操部将，相貌魁梧，膂力过人。本属张邈，曾单手举起牙门旗。后转投曹操，在曹操征讨吕布时被募为陷阵，表现英勇，被拜为校尉，宿卫曹操。建安二年（197），张绣背叛曹操，典韦为保护曹操而率十余人挡叛军，击杀多人，但最终因寡不敌众而战死。

典韦武艺卓越，被史学家潘眉评价为：雄武壮烈，不在张辽、许褚之下。

望梅止渴

语出《世说新语·假谲》：“魏武行役失汲道，三军皆渴，乃令曰：‘前有大梅林，饶子，甘酸可以解渴。’士卒闻之，口皆出水。”这是发生在公元197年曹操征讨张绣途中的战例。

张绣，武威郡祖厉（今甘肃靖远县西南）人，是骠骑将军张济同族兄弟的儿子。

张济原为董卓部下。张绣跟随张济转战南北，由于作战英勇，被提拔为建忠将军，封宣威侯。张济遇袭身亡后，张绣接替张济统领部队。他率领西攻长安，杀死了王允，赶走了吕布，力量迅速壮大。当时，袁绍力量强大，而且还没有同曹操彻底闹翻。曹操不可能首先对他用兵。关中马腾、韩遂各拥强兵，争夺地盘，对曹操暂时构不成威胁。一旦对吕布用兵，张绣乘虚袭击后方，后果不堪设想。为了除去后顾之忧，曹操决定采取由近及远、先弱后强的方针，趁张绣立足未稳、根基不牢，力量还不算很强时对他加以征伐。

这年夏天，曹操率领大军直扑宛城，由于长途行军，军士所带的水都用完了，再加上天气炎热，都渴得嗓子冒烟，难以忍受，情绪低落，叫苦连天。曹操见状，心生一计，拍马走到队伍之中，挥鞭指着前边山冈说："那边有一片梅林，果子又甜又酸，可以解渴。"将士听了这些话，口里顿时冒出了津水，精神为之一振，加快了行军速度。张绣看到曹军如神兵天降，来势凶猛，力量悬殊，自料难以抵敌，便率众出宛城，到离城不远的清水乡向曹操投降。曹操兵不血刃，便取得南征张绣的胜利。

"望梅止渴"典故即出于此。原指曹操工于心计，善于用兵。后人常用来比喻一种不能实现的愿望。

例句：我们既然明确了奋斗目标，就要迎难而上，砥砺前行。决不能望梅止渴，坐等其成，世上从来没有天上掉馅饼的事。

削发代首

语出《魏书·武帝纪》裴松之注引《曹瞒传》[1]："曾出军，行经麦中，令'士卒无败麦，犯者死'。骑士皆下马，扶麦以相持。时操马腾入麦中，敕主簿议罪；主簿对以《春秋》之义，罚不加于尊。操曰：'制法而自犯之，何以帅下？然孤为军帅，不可自杀，请自刑。'因援剑割发以置地。"

这段话记载了曹操率军征讨张绣途中割发代首的故事。商城时值麦熟季节，沿途的老百姓因为害怕士兵，都躲到村外，没有一个敢回家收割小麦的。曹操得知后，立即派人挨家挨户告诉老百姓和各处看守边境的官吏：他是奉皇上旨意出兵讨伐逆贼为民除害的，士兵如有践踏麦田的，立即斩首示众，请父老乡亲们不要害怕。

老百姓开始不相信，都躲在暗处观察曹操军队的行动。曹操的官兵在经过麦田时，都下马用手扶着麦秆，小心地蹬过麦田，这样一个接着一个，相互传递着走过麦地，没一个敢践踏麦子的。老百姓看见了，没有不称颂的。有的望着官军的背影，还跪在地上拜谢呢。

曹操骑马正在走路，忽然，田野里飞起一只鸟儿，惊吓了他的马。他的马一下子蹿入田地，踏坏了一片麦田。曹操立即叫来随行的官员，要求治自己践踏麦田的罪行。官员说：“怎么能给丞相治罪呢?”

曹操说：“我亲口说的话都不遵守，还会有谁心甘情愿地遵守呢？一个不守信用的人，怎么能统领成千上万的士兵呢？”随即抽出腰间的佩剑要自刎，众人连忙拦住。

这时，大臣郭嘉走上前说：“古书《春秋》上说，法不加于尊。丞相统领大军，重任在身，怎么能自杀呢？”曹操沉思了好久说：“既然古书《春秋》上有‘法不加于尊’的说法，我又肩负着天子交给我的重要任务，那就暂且免去一死吧。但是，我不能说话不算话。我犯了错误也应该受罚。”于是，他就用剑割断自己的头发说：“那么，我就割掉头发代替我的头吧。”曹操又派人传令三军：丞相践踏麦田，本该斩首示众，因为肩负重任，所以割掉头发替罪。

现在的人觉得剪头发是件很正常的事，可是，古代人认为：头发是从父母那里继承来的，随便割掉不仅大逆不道，而且还是不孝的表现。曹操作为封建社会的政治家，能够割发代首，严于律己，实属难能可贵。由于曹操的以身作则，全军肃然，部下没有一个违背曹操命令的，因而严守军纪。“割发代首”源于此处，原指曹操严于律己执行军纪。后人用来比喻作为上级严格执行规章制度，一旦违犯，照罚不误。

例句：法律面前，人人平等。无论是谁，不管地位有多高，权力有多大，一旦违法，都要一视同仁，决不能割发代首，从轻处罚。

注释

[1]《曹瞒传》是三国时期吴国人所作的一部记载曹操生平事迹的史书，书中记载了曹操生平的许多逸闻趣事。原作全文已经失传，现在能看到的仅仅是裴松之注到《三国志》里的部分内容。

天下莫敌

“天下莫敌”语出《三国志·武帝纪》：“辽东殷馗善天文，言后五十岁当有真人起于梁、沛之间，其锋不可当。至是凡五十年，而公破绍，天下莫敌矣。”这是作者陈寿在文中评论曹操的一段话。

当年，曹操遵从荀彧“深根固本以治天下”之策，驻军山东，养精蓄锐，兵强将盛。这时，李傕、郭汜混战已始，百姓遭殃，生灵涂炭。献帝蒙难，经颠沛流离，移驾洛阳。荀彧向曹操谏道：“昔晋文公纳周襄王，而诸侯服从；汉高祖为义帝发丧，而天下归心。今天子蒙尘，将军诚应此时首倡义兵，奉天子以从众望，不世之略也。若不早图，人将先我而图之。”曹操欣然采纳了荀彧的这一策略，不仅掌握了政治上的主动权，而且取得了士族的广泛支持，力量迅速壮大，这就为他统一北方创造了条件。

其实，在荀彧向曹操献此策之前，袁绍谋士田丰曾多次向他提出此类建议，劝他迎天子定都邺城以号令天下。袁绍没有采纳这个建议，觉得皇帝在身边，事事要奏请，反而不自由。因此，此举被曹操捷足先登，使他后来追悔莫及。

曹操自此实现人生的大转折，他讨袁术、斩吕布、降张绣、战官渡、灭袁绍，成了威震天下的人物，无人能与之匹敌。这段话是陈寿的中肯评述，也是点睛之笔。

天下莫敌：是说世界上没有对手。后形容强大无比、战无不胜。近义词有“天下第一”“天下无双”等。

例句：兴仁义之师天下莫敌，兴不义之师天下皆敌。

隔岸观火

这一成语说的是曹操借辽东公孙康之手，斩除袁氏兄弟的事。

东汉末年，袁绍兵败身亡，几个儿子为了争权夺利互相争斗，曹操决定斩除袁氏兄弟，以绝后患。袁尚、袁熙兄弟投奔乌桓，曹操长驱直入，击败乌桓。袁氏兄弟又去投奔辽东太首公孙康。曹军诸将主张一鼓作气，平定辽东，捉拿二袁 。曹操哈哈大笑，胸有成竹地说：“不用我们兴师动兵前去捉拿，公孙康自会将二袁的头送来的。咱们等着吧。”诸将暗暗发笑，根本不相信。曹操回军驻扎在易城。哪知道没过几天辽东果然派使者把袁氏兄弟的人头送来了。文臣武将无不深感惊奇，为什么会这样呢？

原来，辽东太守公孙康是公孙度的儿子，公孙度是辽东襄平人，由董卓推荐为辽东太守。他趁着中原混乱的机会，自称为辽东侯，向东西扩张地盘。又由海道到青州，占领了东莱和邻近几个县，势力越来越大。公孙度死后，儿子公孙康继承王位。袁绍占领冀州后，一直想吞并辽东，未能得手。此刻，袁尚、袁熙被曹操打得走投无路，在万不得已的情况下逃到了辽东。

袁尚、袁熙兄弟俩在路上一边走，一边商议下一步打算。袁尚自恃武艺强，力气大，说：“我们到了辽东，公孙康必须出来迎接。我们要乘其没有提防，当场把他杀死，这样辽东群龙无首，就会归我们所有，然后再招兵买马，扩充实力，想办法收复失地。”袁熙表示完全同意，但没想到，道高一尺，魔高一丈，公孙康一探听到袁氏兄弟前来投靠，就料到了他们的来意，他的兄弟公孙策说：“袁绍活着的时候，哪天不想吞并我辽东？现在袁尚、袁熙无路可走，不是来夺取我们辽东才怪呢。”公孙康说：“现在大敌当前，还是谨慎些好。你派人去探听一下，如果曹军不来攻打我们辽东，就把他俩杀了，可以作为结交曹操的一份礼物。”没过几日，探子回报：“曹军已退到易城去了。”于是公孙康就拿定了主意。

话说袁尚、袁熙带着几千骑兵顺利地到达了辽东，他们先安排军队驻扎，然后派使者求见公孙康。公孙康欣然应允相见。袁尚、袁熙随身携带宝剑，准备乘见面时刺死公孙康，哪知他们刚到中门，暗藏的武士突然跳出来把他们摁倒。他们俩连拔刀的工夫都没有便被绑了起来，带入中军大帐。公孙康马上命令武士将他们的人头砍了下来，送到了易城。曹操大喜，立即封公孙康为军侯，拜为左将军。

众人向曹操请教其中的奥妙，曹操对他们说：“公孙康素来害怕袁尚、袁熙吞并辽东，今日二兄弟上门他必然有疑。如果我们用兵急攻，他们必然合力抗拒，所以我们要故意放松，先行退兵，让他们自相火并。公孙康杀了二袁，向朝廷送个人情这是情理之中的事，这是‘隔岸观火’之计，先时诸君没仔细考虑罢了。”一席话，使大家心悦诚服。

隔岸观火：是指利用适度的双方矛盾，故意让开一步，坐待敌方矛盾继续升级，以致出现互相残杀，从而达到削弱敌人，壮大自己的目的。近义词有“坐山观虎斗”“鹬蚌相争，渔翁得利”等。后来比喻对别人的危难不加帮助，而采取观望的态度。有时也表示不身临其境，对情况了解不深。

例句：1. 一方有难，八方支援。邻村受了灾，我们不能隔岸观火，理所当然地应该全力以赴给予帮助。

2. 只有深入实际，调查研究，才能胸有成竹，有的放矢。“隔岸观火”、主观臆断往往会造成失误。

割须弃袍

语出《三国演义》第五十八回“马孟起兴兵雪恨　曹阿瞒割须弃袍”。

文中说，操兵大败，西凉兵来得迅猛，马超、庞德、马岱引百余骑，直入军中来捉曹操。

曹操在乱军中，只听得西凉军大叫：“穿红袍者是曹操!”曹操马上脱下红袍。又听得大叫：“长髯者是曹操!”曹操心慌，急忙掣所佩之刀断其髯。军中人将曹操割须之事告知马超，超遂令人喊道：“短髯者是曹操!”曹闻之，即扯旗角包颈而逃。

后有诗说：“潼关战败望风逃，孟德仓皇脱锦袍。剑割髭髯应丧胆，马超声价盖天高。”

曹操正走之间，背后赶来一员战将，回头一看，正是马超。曹操惊恐万状。左右将校见马超追来，各自逃命，只撇下曹操。马超厉声大叫：“曹操，你跑不了了!”曹操吓得马鞭都扔了。看看赶上，马超从背后使枪刺去。曹操绕树而走，马超一枪刺在树上；急拔下时，曹操已逃远了。

马超催马追去，山坡边过来一员战将，大叫：“不要伤害我的主公！曹洪在此!”抡刀上前，拦住马超，曹操才逃了性命。曹洪与马超战到四五十回合，刀法渐渐乱了起来。这时，夏侯渊率数十骑赶到。马超独自一人，恐怕寡不敌众，被他们暗算，便拨马而回。曹操回寨，便叫来曹洪，重加奖赏。收拾败军，坚守寨栅，不许出战。

割须弃袍：割掉胡须，丢掉外袍，已流传演变为成语，用来形容战败落魄的样子。

例句：曹操足智多谋，善于用兵，也有割须代袍的时候。我们工作千头万绪，怎能没有失误呢?

兵不厌诈

这是一个曹操征服关中大军的故事。

关中，指潼关和函谷关以西的广大地区，当时这一地区诸侯以马超、韩遂为首拥兵自重，让曹操很不放心。尤其是被诸葛亮誉为“兼资文武，雄才过人，不失为一世之杰”的马超让他很是头痛。

公元211年八月，曹操亲率大军至潼关，马超、韩遂关西联军决战，几次交锋，曹操几次失利，十分被动。但他毕竟久经战阵，老谋深算。他想马超有万夫不当之勇，只可智取，不可强攻。于是分军为二，密令徐晃、朱灵渡河而西，在马超大营背后结下营寨。对马超、韩遂形成前后夹攻阵势。马超得报大惊，马上和韩遂商议对策。部将李堪献策说：“不如割地求和，等挨过冬天，到春暖花开再作计较。”马超对此建议虽然犹豫不决，但韩遂及部将觉得可行。于是，马超便派使者向曹操提出割地请和之事。曹操暗喜，但不动声色，未置可否。只是打发使者先回，说来日派人回话。

曹操部下贾羽对他说：“兵不厌诈，可伪许之，然后用反间计，令韩马相疑，可一举破之。”（见《三国演义》第五十九回）曹操闻计大喜，高兴地说：“正合吾意。”于是，立即回书，言称同意求和，罢兵休战，回说：“等我兵马慢慢撤退后，再归还你们河西之地。”

书至，马超认为，曹操奸雄难测，虽然许和，但是要严加提防。于是，他与韩遂也分兵为二，分头轮流注视曹操和徐晃的动静。曹操得知西凉兵的部署后，计上心来，笑着对贾羽说：“即将大功告成了。”

第二天，正好是韩遂与曹操对垒，曹操在众将护卫下出营。韩遂的部卒多数只知道曹操的大名，但都没有见过曹操的面。曹操出营到阵前后，西凉兵都争相观看。曹操在阵前大声对他们说：“你们想看我曹公吗？我也是人呀，并没有长出四只眼睛，两张嘴，和常人比，只不过智高谋多罢了。”曹操接着派人约韩遂对话，对方立即通报。于是曹操和韩遂各弃军杖，轻装牵马出至阵前。两人马头相交，互相对答。曹操开口便说道：“我和将军之父同举孝廉，我曾尊称他为叔父，由此说来，咱俩还是弟兄呢。”说罢哈哈大笑。没等韩遂张口，曹操接着说：“我和将军一起踏上仕途，转眼已经多年，将军现在贵庚几何?”韩遂回答说：“已经四十岁了!”曹操接着说：“记得昔日在京师时，我们都是青春少年，不想现在已是中年，时光过得真快啊!”曹操只是频频地东拉西扯，叙说往日旧事，一直不说眼下的兵战之事，不时大笑不止。在常人看来，这不像是战场上的敌对双方统帅在谈判，倒像一对久别重逢故的旧老友拉家常话。就这样，两人谈了约一个时辰，曹操便告别回马。韩遂心下纳闷儿，不知曹操为何不谈军事。马超得知这一情况后，立即追问韩遂，韩遂据实相答。马超疑心重重，根本不相信曹韩二人只谈往事，不谈军情。他担心韩遂有什么交易瞒着自己，但又抓不到真凭实据，只得无言而退。

曹操回营后，立即把阵前所谈说给贾羽，贾羽认为此举虽妙，但仍不能离间二人，还得再添一把火。于是说道：“马超乃一介武夫，不善于识别计谋，丞相可以专为韩遂修书一封，在书中的要害之处，自行涂抹改动，令其朦胧看不清，然后单送给韩遂。设法使马超知道此事。”曹操会意，立即修书一封，并派人故意大张旗鼓地将信送到韩遂大营。马超听说后，大起疑心，再联想到韩遂曹操阵前约谈之事，更觉得两人其中必有阴谋，唯恐出卖自己。于是急急忙忙直接赶到韩遂处，当面索要书信。马超一看书信上的字样就问韩遂，韩遂也觉得异常。他对马超说：“原信就是这样，不知何故。”但任凭韩遂怎样辩解，马超就是不信。马超埋怨韩遂不并力杀贼，忽生异心，太不仁不义了。韩遂无法辩白，最后只得说：“你如果不相信我的话，我明天再到阵前骗出曹操会话，到时一枪结果了他。”马超这才满意地说：“如果真这样，方见叔父的真心。”

第二天，韩遂带五将出阵，马超藏在寨门后边，密切关注韩遂的一举一动。韩遂让人到曹操营前喊话，再次约曹操会谈，这次曹操却向曹洪暗授机宜，让他如此如此。曹洪带数十人出阵，来到距离韩遂几步远的时候，在马上欠身施礼，只说：“夜里书信中丞相拜托将军的话，切莫有误。”说完策马便回。韩遂正在愣神，怒不可遏的马超已拍马舞枪突出阵前，要杀韩遂。幸亏韩遂部将上前阻拦，苦苦相劝，马超才怏怏而回，返回帐中。韩遂对马超说："贤侄万勿生疑，我绝无二心，天地可鉴。"但马超仍是不信，仍十分怨恨地去了。

马超走后，韩遂部下将领见马超如此无理，就劝韩遂投降曹操。韩遂权衡再三，心想也只好如此了。于是便亲自修书一封，派心腹大将秘密行事。曹操闻来使所言大喜，当即答应事成之后给韩遂及其部下加官晋爵。同时约定当夜放火，里应外合，共同对付马超。曹操故意放出风声，马超当夜便斩杀了韩遂几员部将，并在交战中将韩遂左手砍掉。由于西凉兵内部的自相残杀和曹军的四面围攻，马超被打得大败。经过拼死冲杀，马超只带领庞德、马岱三十余将士窜回了临洮。因此这一计令西凉二十余万大军顷时瓦解，使关中地区全部落入曹操手中。

兵不厌诈：指用兵作战不排除运用诡变、欺诈的策略等手段克敌制胜。在这次潼关大战中，曹操可谓运用得出神入化，天衣无缝。这一成语多用于用巧妙的手段达到骗人的目的。

例句：古人说得好，兵不厌诈，你可要多加提防，以免落入对方的陷阱！

铜雀春深

唐代杜牧在《赤壁》一诗中写道："东风不与周郎便，铜雀春深锁二乔。"意思是说如果不是有东风成全周瑜的火烧之计，曹操恐怕早就破了东吴，把大乔、小乔抢回去锁在铜雀台了。

大乔、小乔是安徽潜山人，国色天香，姿貌绝伦，当年闻名遐迩。建安三年，孙策、周瑜率军攻克皖城。时孙策、周瑜均二十五岁，大乔年方十八，小乔芳龄十六，二人双双抱美人而归。孙策娶大乔为妻，周瑜娶小乔为妻。后人都说美女配英雄，天作之合。大乔和孙策在一起好景不长，昙花一现，第二年孙策便战死身亡。周瑜是风流倜傥的一代儒将，不仅英俊潇洒，而且通晓音律。他和小乔甜蜜相处，幸福美满。但也只在一起生活了十二年便一病不治，英年早逝。曹操对大乔、小乔慕名已久，建成铜雀台后，听说二人丧夫守寡，便想把她俩招来，颐养天年。当了解到陈琳和张纮关系不错，便把自己的心事和盘托出。

张纮（hóng），字子纲，广陵人。东汉末年文学家、谋士。陈琳，字孔璋，广陵射阳人 。东汉末年文学家，“建安七子”之一。两人都是广陵（今江苏扬州）人。两人都极具文学才华，诗赋檄策无不精通。两人也都入仕做官，却分属对立的两个阵营。陈琳在邺城曹操麾下任司空军祭酒；张纮在金陵（今南京）做孙权的长史。他俩虽各事其主，又相距千里，但私交甚厚，相互仰慕，经常有书信来往和诗赋唱和，是知己好友。

丞相发话，陈琳自然要尽力去办。为了做好张纮的工作，陈琳把握形势，分析时局，先为曹操写了一篇《应机论》，又写了一篇《武库赋》，对曹操武备周密大加赞赏。张纮在金陵读过这两篇文章后，不由得击掌叫好，对曹操产生了很好的印象。他马上写了一封信给陈琳，信上对陈琳文辞清新、见解独到的文章大加赞赏。接着，陈琳将曹操的意思写成一封信，连同曹植的《铜雀台赋》一并寄给了他。张纮看过《铜雀台赋》后，心驰神往；读罢信后对朋友之托心领神会，愿意做成人之美的好事。凭着他的三寸不烂之舌，终于做通了二乔的思想工作。曹操如愿以偿，派人将大乔、小乔接到邺城，和妾姬歌伎住在了铜雀台上，圆了金屋藏娇之梦。“铜雀春深”由此而来，成了历史上人们津津乐道的典故。

踌躇满志

这一成语说的是曹操南征孙权、刘备的故事。史载曹操此时“踌躇满志，骄矜自得”。

曹操北征乌桓、统一中原后，南方形势使他暗自心惊。孙权趁刘表病危之机，击杀江夏太守黄祖，占领夏口。刘备三顾茅庐请得诸葛亮出山相助，势力大增，今非昔比。病重的刘表已将荆州事务托付给了这位皇叔，如果荆州落入孙、刘两位枭雄手中，统一大业也将增加重大难度。曹操当机立断，决定抢在刘表死前拿下荆州。

这年九月，曹操军至新野。然而他最担心的事情还是发生了，有人报刘表已死。但大出他意料的是，刘表的嗣子刘琮背着刘备来向他投降了。曹操大喜过望，马上安抚刘琮，论功行赏。闻知刘备已经南下，便立即挑选五百精骑作为先锋，自己亲自率军跟进，以一日一夜三百里的速度火速追赶，终于在当阳长坂坡追上了刘备。曹操命令乘势猛冲，刘备全军顿时大乱。刘备连妻儿也顾不上了，慌忙带着队伍去汉水与关羽会合。曹操俘获大量辎重、人员，包括刘备的两个女儿。曹操乘势占领江陵、南阳、江夏、南郡等地。接着又派人招降长沙、零陵、桂阳、武陵等四郡。于是，荆州八郡全部落入曹操之手。

曹操所向披靡，势如破竹，一举拿下荆州，威震天下，远在益州的刘璋[1]也派人到荆州臣服。这时的曹操心花怒放，十分得意，既不把退守樊口的刘备放在心上，也不把拥兵江东的孙权放在眼里。史载他此时的“踌躇满志，骄矜自得”，的确如此。

踌躇满志：踌躇，从容自得的样子；满，满足；志，志愿。形容对自己取得的成就非常得意。近义词有“称心如意”“心满意足”等。

例句：

1. 人生有两个悲剧，一个是万念俱灰，另一个是踌躇满志。

2. 她站在自己的作品前面，举目四顾，一副踌躇满志的神态。

注释

[1]刘璋（生卒年不详），字季玉，江夏竟陵（今湖北天门）人。东汉

末年宗室、军阀，益州牧刘焉幼子，在父亲刘焉死后继任益州牧。

刘璋为人懦弱多疑。汉中张鲁骄纵，不听刘璋号令，于是刘璋杀张鲁母弟，双方成为仇敌，刘璋派庞羲攻击张鲁，战败。后益州内乱，平定后，又有曹操将前来袭击的消息。在内外交逼之下，刘璋听信手下张松、法正之言，迎接刘备入益州，想借刘备之力，抵抗曹操。不料此举乃引狼入室，刘备反手攻击刘璋，又有法正为内应，进至成都。成都吏民都想抵抗刘备，但刘璋为百姓计而开城出降，群下莫不流涕。

刘备占据成都后，刘璋以振威将军的身份被迁往荆州居住，关羽失荆州后，刘璋归属东吴，被孙权任命为益州牧，不久后去世。

小巫见大巫

语出裴松之注引《三国志·吴书·张纮传》："足下与子布在彼，所谓小巫见大巫，神气尽矣。"这是陈琳在邺城写给张纮信中的一段话。

曹操定都邺城后，政通人和，百废俱兴，国强民富，兵壮粮足。陈琳把握形势，分析时局，为曹操写了一篇《应机论》，又对曹操武备周密大加赞赏，有感而作《武库赋》。张纮在金陵读过这两篇文章后，不由得击掌叫好，并马上写了一封信给陈琳。信上对陈琳文辞清新、见解独到的文章大加赞赏，并表示要好好地向他学习。

陈琳看过张纮的回信后深受感动，立即给张纮回信说："我生活在北方，这里相对闭塞，所以我与天下的文人学士交往很少，没见过大世面，孤陋寡闻，见识短浅。得到你过分的称赞，不胜惭愧。你和子布（张昭字子布）在金陵十分有名，我与你相比，差距实在太大了。就好像巫术小的人遇见巫术大的人，根本无法相比。"

"小巫见大巫"语出于此，原是陈琳自谦之词。现比喻能力大小相差太远，根本无法相比。

例句：我过去所受的那些委屈和刺激，比起他来，也只是小巫见大巫，算不得什么。

得陇望蜀

语出《三国演义》第六十七回“曹操平定汉中地　张辽威震逍遥津”。曹操叹曰：“人苦不知足，既得陇，复望蜀耶！”意思是，人都苦于不知足，既得陇，又何必望蜀啊。

公元215年三月，六十一岁的曹操统兵征战占据汉中的张鲁[1]。一路上不断发生遭遇战，直到七月才到达汉口的第一关——阳平关。汉中军据险把守，曹军连续进攻都没有得手，就这样相持五十余日。一天，曹操和谋士贾羽商议，说：“吾料贼兵每日提备，急难取胜，吾以退守为主，使贼懈而无备，然后分军轻骑抄袭其后，必胜贼兵。”贾羽曰：“丞相神机不可测也。”于是令夏侯渊、张郃兵分两路，各引精骑三千，取小路绕到阳平关之后，曹操则引大军攻打，佯装退兵。阳平关守军果然中计，这样两路夹攻，张鲁军四边无路，非死即降。这样曹操大获全胜，夺得阳平关。

张鲁在南郡看到阳平关失守，大势已去，便把府库封存后退入山中。曹操兵不血刃，顺利占领南郡，一见仓库封存完好，粮食珍宝都在，不禁大为感动。后来张鲁战败投降后，曹操念其封仓库之心，优礼相待，封张鲁为镇南将军。

占领汉中之后，司马懿建议曹操乘刘备远征江陵未还，进攻巴蜀。

曹操和张鲁交战前，先扫清了凉州地区的氐族抵抗势力，免得后方遭到骚扰，仗打得比较顺利。但是就这样从元月打到七月，花了四个月的时间才扫清障碍。

曾经有凉州的部将告诉曹操，说张鲁很容易打，汉中的阳平关根本没法防守。可事实根本不是那样，阳平关乃是天险，张鲁的部下也很能打，曹军攻打阳平关时士兵死伤很多，渐渐地连军粮都吃完了，曹操心情沮丧，甚至曾经想撤军。

此时的曹操心里明白，经过五个多月的大战，曹军已成了强弩之末，连阳平关都这么难打，那益州关隘更多，地势更险，刘备不同于张鲁，一旦交战，势必要陷入持久战。要获得胜利，必然要征调倾国之兵远征。那么东吴的孙权就必然会大举入侵，到时两线作战，后果就相当严重了。

于是曹操对司马懿说："人苦不知足，既得陇，复望蜀耶?"于是下令班师回到了许都。

曹操是个胸有天下的英雄，在获取关中之胜后全身而退是非常明智的选择。

曹操预感是非常准确的，几乎就在曹操选择撤退的同时，一贯采取守势的孙权兴兵十万，亲率大军进攻曹魏要地合肥，合肥一旦失守，孙权便可以迅速进入曹魏腹地。而当时合肥只有七千守军，如果不是张辽超水平发挥，很可能面临的就是继赤壁之战后的又一次大溃败。

得陇望蜀：陇，指甘肃一带，即文中所说的汉中之地；蜀，指四川一带。意思是已经取得陇地，还想攻取巴蜀。比喻贪得无厌。近义词有"得寸进尺""贪心不足"等。

例句：他们得陇望蜀，永远无法使他们心满意足。

注释

[1]张鲁，字公祺（《后汉书》作"公旗"）。祖籍沛国丰县（今江苏丰县）。东汉末年割据汉中一带的军阀，据传是西汉留侯张良的十世孙、天师道（五斗米道）教祖张陵之孙。张鲁为五斗米道的第三代天师（称系师），在杀张修后继续在汉中一带传播五斗米道，并自称"师君"。雄踞汉中近三

十年，后投降曹操，官拜镇南将军，封阆中侯，食邑万户。张鲁去世后谥号为“原”，葬于邺城东。

1308 年，元武宗追封张鲁为“正一系师太清昭化广德真君”。

食之无味，弃之可惜

语出《三国志·武帝纪》裴松之述引司马彪《九州春秋》[1]：“夫鸡肋，食之无味，弃之可惜，自比汉中，知王欲还也。”

建安二十三年（218）七月，年过花甲的曹操为报夏侯渊被杀之仇，亲率大军从长安出斜谷，进逼阳平，决心拿下汉中，志在必得。刘备令将士据险固守，防范严密。两军相持一月有余，曹操仔细研究了汉中形势，认为在这复杂的地形中动用大量的军队久攻不下，得不偿失。况且当时东线合肥的孙权、中线襄阳的关羽、北方的公孙氏和乌桓人都使他放心不下，他不能困在西线，这样对整个战局不利，于是萌发了退兵的念头。但当时又碍于面子，踌躇不决。正在这时，请示口令，他随口说出“鸡肋”。将士们都不解其意，只见主簿杨修开始整理行装，众人非常惊讶。当询问杨修为什么这样做时，杨修回答道：“大家都知道鸡肋吧？吃没有多大味道，扔掉又觉得可惜，丞相用‘鸡肋’作口令，是在用这比喻汉中。由此知道要退兵了。”果不其然，没过几天，曹操毅然放弃汉中，班师回到邺城。

“食之无味，弃之可惜”源自于此。现在人们常比喻某种东西没有多大用处，同时又舍不得抛弃。

例句：有人在招商引资中碰到一个不太中意的项目，签约与否，处于两难之地。这个人发出如此感叹：“接，不会带来多大的经济效益；不接，枉费时间和精力。实在是食之无味，弃之可惜啊！”

注释

[1]《九州春秋》，《两唐志》作九卷，《隋志》作十卷。西晋司马彪

撰。《九州春秋》一书记述的是东汉末年军阀割据的乱世史事。已佚。今有元陶宗仪辑本和清黄奭辑本。

人欲危之，己辄心动

语出《世说新语·假谲》："魏武常言：'人欲危己，己辄心动。'因语所亲小人曰：'汝怀刃密来我侧，我必说心动。执汝使行刑，汝但勿言其使，无他，当厚相报！'执者信焉，不以为惧，遂斩之。此人至死不知也。左右以为实，谋逆者挫气矣。"

这是一则曹操防歹徒行刺的故事。

曹操常常对手下的人说："如果谁想杀我，只要他到了我身边，我的心就会觉察到他的举动。"为了向人们证明这一点，一天他对身边的一个小侍从说："你怀揣着刀悄悄来到我的身旁。我一定说：'心里有触动了。'就把你绑起来。你千万不要说是我指使你这样做的。如果不出现别人怀疑的情况，事情成功后，我一定优厚地报答你。"这位侍从相信曹操的话，自始至终毫无畏惧，于是将这位侍从斩了。这个人只知道自己在配合曹操表演用计，没想到曹操假戏真做，他至死都不明白曹操为什么要杀他。左右以为曹操说的话是真的，那些想暗杀曹操的人垂头丧气，再也不敢图谋不轨了。

无独有偶，曹操身居高位，怕被人陷害，便对手下人说自己梦中好杀人。如果自己睡觉时，旁人不要靠近。一次，他睡觉时故意将被子蹬开，滑落床边。一近侍发现后上前替他盖上，曹操一跃而起持剑杀了他，又接着呼呼大睡。天亮醒来，发现近侍被杀，他故意惊喊："是什么人杀了我的近侍?"手下的人据实相告。曹操假装悲伤，痛哭流涕，命令厚葬了这位近侍。

两个故事既表现了他本人不可企及的权术，又反映了他心狠手辣的本质。当然他这种做法是违情悖理的。尽管他处在那样一个黑暗杀伐的乱世，这样做是为了自卫，但无论如何实在不应该成为杀人的理由，这样做也太过分了。不过他感情上知道自己是错的，所杀之人不仅无过，而且对自己有大恩，所以厚服厚葬，这说明他是个有“人情味”的人。对他的评论只能仁者见仁，智者见智了。

“人欲危己，己辄心动”：本意指如果有人要害自己，自己总是心里有感觉。现在常用来说明对于危害自己的人和事要提高警惕防患未然。

例句：病毒来势凶猛，“人欲危己，己辄心动”，大家一定要提高警惕，加强自我保护。

坐收渔利

“坐收渔利”讲的是曹操智解襄樊之围的故事。

公元219年五月，刘备、诸葛亮命关羽率大军向驻守襄樊的曹仁发动了大规模的进攻。

在守卫樊城外围的战役中，关羽很快擒拿了曹操派来支援曹仁守城的左将军于禁，斩杀了协助曹仁守樊城的大将庞德，准备乘胜围攻樊城。这时樊城又遭到了洪水的袭击，里外城墙也坍塌了好几处，形势十万火急。同时，关羽又派一支军队去围攻与樊城一水之隔的襄阳，曹操大将吕常被困于城内。曹操所置的荆州刺史胡修、南方太守傅方都投降了关羽。因此，这时的襄城前线的形势急转直下，危如累卵。

此时司马懿对曹操献计说：“刘备与孙权两家外表亲密而内里疏远，关羽得志，孙权必定不会愿意。我们可以派人去劝说孙权，让孙权袭击关羽后方，答应事成之后把江南的地方封给他，襄城之围自然就解除了。”曹操从谏如流，马上亲自修书一封，派使者前往去见孙权。孙权正有意乘机攻取荆州，唯恐得不到曹军的配合。见曹操书信大喜，立即回信表示愿意为曹操效力。并在信中希望曹操保守这一机密，不要泄露，以免让关羽有所准备。

曹操一见密信，非常高兴。早在使者往返之前，曹操已派徐晃率军进抵襄樊，救援曹仁。曹操收到孙权密信后，与属下商议是否为孙权偷袭荆州一事保密。不少人认为应该替孙权保密，但有的持相反意见。曹操斟酌再三，对属下说：“战场上取胜最为重要，需注意权变，怎样对我们有利，就应该怎么做。我看可以表面上答应为孙权保密，而暗中可以把信的内容泄露出去。关羽听到孙权军队攻打荆州，可能会立即撤军回救，襄城之围就能迅速解除。同时可使孙权、关羽两相争斗，我们坐收渔人之利。如果真的秘而不宣，替孙权保密，这不是上策。何况被包围的我军将士不知道已经有救，担心粮食不足，不免恐惧。万一因情况危急发生变故，后果是很严重的，我们不能冒这个险。再说关羽为人争强好胜，自恃江陵、公安两座城池防守坚固，必然不会轻易撤退。因此把这事泄露出去，既可动摇蜀军军心，又可增长我军士气，迅速解除襄樊之围，对我们来说是非常有利的。”

一席话讲完，大家都认为曹操这个主意好。于是曹操当即派人到徐晃处，命令徐晃把孙权信中偷袭荆州的内容抄录下来，用箭射到樊城和关羽营内。城中蜀军得知这一消息，顿时士气低落。关羽得知这一消息，心里犹豫起来：坚持攻城吧，担心孙权撕毁联盟，偷袭后方；立即撤军吧，又怀疑是曹操搞鬼，将会前功尽弃。徐晃趁关羽举棋不定之机，大败关羽。关羽先撤了樊城之围，带兵回援。与此同时，孙权亲自率大军西上，昼夜兼行，直趋南郡。前锋吕蒙率精兵乘船渡江，沿江守军不多，一个个被吴军先后消灭。

吕蒙率军先到公安，兵临城下。守将士仁见大势已去，又对关羽不满，便开城出降。接着吕蒙带着士仁前往江陵见中将糜芳，他原想抵抗，见士仁已经投降，便也就听从劝告，开城把吕蒙迎了进来。吕蒙不战而迅速占领两城，大获全胜。

曹操见大功告成，不是下令樊城守军去追关羽，而是急忙派人给曹仁送去不许追击关羽的命令。意在继续扩大战果，让关羽去打孙权，让他们之间两败俱伤，“坐收渔利”，曹操的高人之处再次显现。后来孙权大将吕蒙终于大败关羽，关羽及其儿子在麦城突围时被吴军擒获一起被杀。

可以说在这场战役中，得益最多的是曹操，他既解了襄城之围，又瓦解了孙、刘联盟，还除了他的心腹之患关羽。“坐收渔利”，利莫大焉。

坐收渔利：现多用来比喻利用别人的矛盾从中获利。近义词有“坐享其成”“不劳而获”“无功受禄”等。

不护细行

语出曹丕《与吴质[1]书》：“观古今之人不护细行，鲜能以名节自主”，这是当年曹丕为争世子，蓄意让曹操看的一篇文章。用此影射曹植，改变曹操对曹植的印象，以达到偏爱自己确立地位的目的。

曹植才高八斗，才华横溢，文思敏捷，诗赋俱佳，深得曹操喜爱。曹操多次给文武大臣说起曹植是“诸子中最可定大事者”，而且也多次想立他为嗣。但曹植“任性而行，饮酒不节”。有一次，曹植坐车打开大门外出，因此违犯了曹操的禁令，曹操十分生气。曹丕文才不如曹植，但工于心计。他不仅千方百计在曹操面前表现自己，而且贿赂曹操身边人替他美言。同时不择手段地陷害曹植。有一次，驻守襄阳的曹仁被关羽包围，曹操为使曹植立功显名，派他为中郎将，率兵前去救援。曹丕得知这一消息后，于当天晚上故意设宴请曹植喝酒，设计把他灌得酩酊大醉。第二天曹植无法出征，曹操闻之大怒，从此对曹植彻底失望，曹植也完全失去了立嗣的机会。曹丕因此达到了自己的目的，被曹操指定为世子。

不护细行：指不注意小节。近义词有“不拘小节”“不修边幅”“不矜细行”等。

例句：细节决定成败，不护细行是不行的。往往由于小节的原因，造成重大损失。

注释

[1]吴质（177—230），字季重，兖州济阴郡（今山东菏泽市定陶区西北）人，汉末三国时代著名文学家。官至振威将军，假节都督河北诸军事，封列侯。起初因文才而被曹丕所喜爱。在魏文帝曹丕被立为世子的过程中，吴质出谋划策，立下大功。与司马懿、陈群、朱铄一起被称作曹丕的“四友”。为人放荡不羁，怙威肆行，飞扬跋扈，卒后被谥为“丑侯”。其子吴应数次上疏申辩称枉，正元年间方改谥为“威侯”。

讳疾忌医

语出曹操请华佗[1]看病的故事。孙权为转祸于人，将关公首级用木匣装好送给曹操。曹操刻沉香木为躯，以王侯之礼葬于洛阳南门外。他亲率众官员送殡、拜祭，封为荆王。然后，曹操每夜合眼便见关公，十分惊惧。众臣建议道：“洛阳行宫旧殿多妖，可造新殿居之。”曹操便决定盖一座建始殿。

在寻找大梁时，曹操看中离城三十里名叫跃龙潭的一株大树，就命令人工前往砍伐，谁知锯解不开，斧砍不入。曹操诧异，亲自上前，挥剑便砍，不料剑锋落处鲜血喷出，溅了满身，顿时头疼难忍。为了治病，曹操差人星夜请来华佗。华佗诊脉之后说：“大王头脑疼痛，因中风而起，病根在脑中。内里风诞取不出，啥药也无济于事。我有一法，可先服麻醉汤。然后用利斧砍开脑袋，取出风诞，才可根除。”曹操一听大怒，说：“你要杀我吗?”华佗说：“大王没听说过关公中箭毒，伤其右臂，刮骨疗毒的事吗?而今大王这病并不难治，何必怀疑呢?”曹操说：“臂再疼也能刮，脑袋怎么能砍开呢？你向来和关羽感情非同一般，分明是想乘机为他报仇。”说到这里，即命左右拿下，使华佗含冤而死。

后人从这一故事中总结出一个熟语，叫作“曹操杀华佗——讳疾忌医”。原指隐瞒自己的疾病，害怕治疗。后用来比喻掩饰自己的错误和缺点，生怕别人批评指出。

例句：在工作上，有错误要勇于改正，讳疾忌医往往会造成更加严重的后果。

注释

[1]华佗，字元化，出生在东汉末年豫州沛国谯县（今安徽亳县）的一个普通士族家庭，约生于汉冲帝永熹元年（145），卒于汉献帝建安十三年（208）。

华佗曾游学在外行医，足迹遍及安徽、河南、山东、江苏等地，钻研医术而不求仕途。他医术全面，尤其擅长外科，精于手术。并精通内、妇、儿、针灸各科。与董奉、张仲景并称为“建安三神医”。晚年因遭曹操怀疑，下狱被拷问致死。

华佗被后人称为“外科圣手”“外科鼻祖”。后人多用“神医华佗”称呼他，又以“华佗再世”“元化重生”称誉有杰出医术的医师。

分香卖履

语出曹操《遗令》：我死之后，家人要“时时登铜雀台，望吾西陵墓田。余香可分与诸夫人。诸舍无所为，学作组履卖也”。意思是说家产分给妻妾子女，如若不能维持生活，妻妾们可以学着织布做鞋到市场卖，以补不足。

曹操定都邺城后，接受先朝腐化误国的教训，大力整饬风俗，去奢求俭。他多次颁令大小官吏、将士乃至自己的亲属厉行节约，不准铺张浪费。

并以身作则，率先垂范，严于律己、带头节俭。

汉末王公都身穿绫罗绸缎，头戴豪华丝巾。曹操以为“天下凶荒，资财乏匮”，这种穿戴过于铺张，就下令命朝臣以布衣替代，并做简朴的头巾。根据职务高低，用不同的颜色加以区别。曹操本人也不例外，同是这番穿戴。

史书记载，曹操在邺城期间所用的衣被，整整十年没有更换，脏了拆开洗净，破了补好再用。曹操患有胃病，床头要放些水以备急用。盛器原是铜质，水存久了有铜臭，侍从便替他换了一个银器。曹操发现后，立即命令侍从改为木质。对宫中眷属，他规定不准穿着五颜六色的衣服，不准穿漂亮花鞋。还规定屋内不准用熏香，只能用“烧枫胶及蕙草”代替。据说曹植的夫人崔氏就是因穿豪华衣服而被曹操赐死的。可见这种规矩十分严格。由于曹操政纪严肃，身体力行，魏都节俭蔚然成风。

“分香卖履”是曹操的临终遗嘱。人之将死，其言也善，充分显示他戒奢求俭的宝贵品格，实在难能可贵。

这一成语本指曹操告诫家人不奢侈浪费，要自食其力。后人用来比喻临终前对妻子儿女的恋念，真是“分香卖履，情真意切”呀！

七步之才

这是发生在曹操两个儿子曹丕和曹植之间的故事。

曹丕和曹植均为卞氏所生。曹操特别喜欢曹植的文才，多次想把他立为世子，因此多次在文官武将之中、大庭广众之间夸奖曹植，树立他的威望。但因按照古制必须立长子，不少大臣极力反对废长立次。再加上曹丕多处活动，曹植不拘小节，常常饮酒误事，曹操终于打消了原来的念头，临终立曹丕为世子。曹丕对曹植忌恨在心，早想置其于死地，以绝后患。可碍于弟兄情面，同时卞夫人百般庇护，只好把这事搁了下来。

建安二十五年（220）正月，曹操病故，曹丕即位魏王。安葬父王不久，有人告发临淄侯曹植经常喝酒骂人，还多次扣押他派去的使者。长期以来视曹植为“眼中钉”“肉中刺”的曹丕闻言大怒，便命人将曹植抓来治罪，欲除之而后快。

玄武殿上，曹丕令兵士将曹植押上来，将他所犯之罪一一道来。最后声色俱厉地说：“你罪当诛杀，但念兄弟情分，又知你满腹才学，所以令你当着朝臣的面，在堂上七步之内作诗一首。若能则免你一死，不成则行大法。”曹植听过，请曹丕出题。曹丕即出“兄弟”为题，但诗中不能有兄弟字眼。曹植略加思索迈开步子，走一步念一句：“煮豆持作羹，漉菽以为汁。萁在釜下燃，豆在釜中泣。本自同根生，相煎何太急？”不仅在七步之内咏诵成章，还深刻地描摹了手足相残的人生悲剧，充分显示了他非同寻常的过人才华。一诗既出，语惊四座。

曹丕本想用走完七步作成一诗的借口置曹植于死地，不料未能如愿，便又生一计说：“七步成诗，不算本事，应声成诗，才能服众。”曹植只得答应。曹丕出题道：“那天咱弟兄俩出游时，见两头牛在墙间相斗，斗败的牛落井而亡，请你作一首‘死牛诗’，让大家评判。”他要求：“诗中不得说牛、井、死，并要求出口成章，否则将以欺君之罪论处。”曹植深知其兄用意，自知稍有不慎，便有生命之忧，便强作镇静，即口吟道：“两肉齐道行，头上戴凹骨。行至凶土头，峰起相唐突。二敌不俱刚，一肉卧土窟。非是力不如，盛意不得泄。”这首诗虽远不如七步诗出名，但也充分体现了曹植的才思敏捷，曹丕听了不得不免了曹植死罪。后人在曹植的墓碑上刻下一联：“诗才擅七步之雄，文章冠三国之彦”，正是对曹植才华的中肯评价。

成语“七步之才”出于此典。原意指兄弟相残，曹植幸免一死。现用来形容文思敏捷，才气超群。

例句：他才华横溢，落笔成文，出口成章，真有“七步之才”呀！

不封不树

语出曹操《终令》：“古之葬者，必居瘠薄之地，其规西门豹[1]祠西原上为寿陵，因高为基，不封不树。”

终令：令，听从，听取，遵照之意；如《吕氏春秋》：“故古之圣人审顺其天而以行欲，则民无不令矣。”今译为：要按照我的遗嘱安排办理。

古之葬者，必居瘠薄之地：意为古代人们埋葬的地方，一定选择缺水不利于庄稼生长的土地。其规西门豹祠西原上为寿陵，因高为基，不封不树。其，假若，如果；规，格局、布局范围；原，岗坡；寿，永久，陵，坟墓，陵墓；因，按照，依托；封，筑土堆。如《管子》：“所谓平原者，下泽也。虽有小封，不得为高。”树，建立，竖起。意为如果把西门豹祠西面的岗坡上定为永久性墓地，不要筑土堆，不要竖墓碑。

东汉末年社会动荡，天下大乱，赤地千里，民不聊生。曹操在《蒿里行》一诗中描写道：“白骨露于野，千里无鸡鸣。生民百遗一，念之断人肠。”这被后人称为“汉末实录”的诗章充分表达了曹操以天下为己任，救万民于水火的博大胸怀和深挚情感。

曹操统一北方定都邺城后，不仅在政治上大刀阔斧，惩治豪强，而且关心农民疾苦，发展农业生产，大兴水利事业，使地方经济迅速繁荣起来。曹操把邺城历史上的名人西门豹作为做人、做官、做事的榜样学习，亲自选址在丰乐镇北丰村为西门豹建立祠堂。每年春季总是让官员进祠堂祭拜西门豹。意在警示官员要以西门豹为榜样，不做对不住人民大众的事。曹操在邺城期间除修复了西门豹当年开凿的几道渠之外，还兴修了天乐渠、前净渠和后净渠，使农民旱涝保收。并把境内的洹河、漳河与卫河黄河挖通，作为水路，连接天下东西南北的城市运输，让百姓能够来往贸易，经商致富。

作为曾经在地方任过济南相的曹操来说，有过农村生活的经历，深知耕地对农民的重要性，生前曾采取军屯、民屯的办法扩大土地种植面积。他在《遗令》中指出自己死后葬到西门豹祠西边的岗坡上，不要占百姓耕地，足见他的远见卓识和为民情怀。

成语“不封不树”即出于此，原指丧葬时要珍惜农田不占用耕地。这种做法对于现在国家提倡的“厚养薄葬”仍有积极的借鉴意义。

例句：丧葬要节约土地资源，做到不封不树，提倡良好的社会风尚。

注释

[1]西门豹（生卒年不详），战国时期魏国安邑（今山西省运城市盐湖区安邑一带）人。魏文侯时任邺令，是著名的政治家、水利家，曾立下赫赫功勋。

七十二疑冢

曹操“七十二疑冢”之说源于哪里？追根究底，皆因一个冤假错案而诞生。

欧阳修著《新唐书》记载：张瑝、张琇的父亲张审素被诬谋反，被监察御史杨旺（杨万倾）错斩。时年十三岁的张瑝、十一岁的张琇夜袭杨万倾于长安魏王池。“瑝斩其马，万倾惊；不及斗，为琇所杀。”兄弟二人逃到郑州汜水后被捉拿归案，上报朝廷。面对两位“少年犯”，中书令张九龄等称其孝烈，理当免死；侍中裴耀卿力陈不可，法不容情。唐玄宗权衡再三，对张九龄说：“孝子者，义不顾命。杀之可成其志，赦之则方法律。凡为子，孰不愿孝，转相仇杀，遂无已时。”最后，玄宗下诏杀之。临刑，玄宗赐食，张瑝难以下咽，张琇面色自如，对哥哥说：“下见先人，复何恨？”朝野上下，无不可怜张瑝、张琇。下葬时，“为诔揭于道（旌表载道），敛钱为葬北邙，尚恐仇人（杨万倾余党）发之（掘墓鞭尸，亵渎少年英灵），作疑冢，使不知其处”。无巧不成书，此案发生地叫“魏王池”。就这样，在一代一代的传说中，“疑冢”张冠李戴地扣到了魏王曹操的头上。

北宋王安石《将次相州》是迄今最早的“疑冢”描述，诗中说：“青山如狼入漳州，铜雀台前八九丘。蝼蚁往还空垄留，麒麟埋没几度秋。功名盖世知谁是，气力回天到此休。何必地中余故物，魏公请子分衣裘。”诗中“八九丘”是对曹操墓难以确认的描述和评议，作者在叹息难寻凭吊之墓，而在歌咏曹操“功名盖世”。

与此同时，南宋著名诗人范成大过漳河而出使金国，作《七十二冢》诗：“一棺何用冢如林，谁复如公负此心。闻说北人为封土，世间随事有知音。”他自己注解说：“‘七十二冢’在讲武城外，曹操疑冢也。森然弥望，北人常增封之。”“北人”也就是金人。金人为什么会为曹操墓添土封坟，令人费解。

范成大是南宋壮怀激烈的爱国诗人。南宋与金国不共戴天，金人为曹操添土封坟的说法一出，曹操在百姓心中的地位一落千丈，成为“人民公敌”，尤其是《三国演义》为了丑化诋毁曹操，特意虚构了曹操遗命：于彰德府讲武城外设立疑冢七十二，勿令后人知吾丧处。以作为曹操奸诈、疑神疑鬼的证据。

“七十二疑冢”之说起于范成大，后众说纷纭，戏剧、诗歌、小说、野史记载比比皆是。南宋俞应符诗中说：“生前欺天绝汉统，死后欺人设疑冢。人生用智死即休，何有余机到丘垄。人言疑冢我不疑，我有一法君来知。直须尽发七十二，必有一冢藏君尸。”但这里有个致命的问题一直无人质疑，那就是金人为什么要给曹操墓添土封坟？直到 1949 年后，经考古发掘证实，曹操“七十二疑冢 ”原来是东魏、北齐皇室与贵族的墓葬群，包括东魏昌乐王元诞墓、宜阳王元号植墓、北齐兰陵王高肃墓等，这时，人们才恍然大悟，金人添土封坟、祭祀不辍的不是曹操墓，而是“北人的先祖”。

曹操基本无“疑冢”之说，这在曹操《终令》上有明确记载。曹丕、曹植都有文描述葬礼和入殓情况。交代了陵墓地址。只是宋代以后以讹传讹，才有了“七十二疑冢”之说。

“七十二疑冢”原意是诽谤曹操多疑奸诈。后人用来形容故弄玄虚，设置谜团，将简单问题复杂化。

故事

众乐村的故事

众乐村位于河南省安阳市殷都区伦掌镇，村名的来历，还得从蔡邕说起。

蔡邕，字伯喈，陈留郡圉县人。东汉著名的文学家、书法家，尤其在音乐上很有造诣，他所指撰写的《琴操》一书，对琴的形制、作用、技法都做了全面的介绍，并对各种体裁的数首琴曲做了生动的解说，在当时具有广泛的影响。曹操在洛阳时，曾拜蔡邕为师，学习文学乐理知识。蔡邕有一女名蔡琰，字文姬，聪慧伶俐，悟性过人，曹操慕其才华，由衷喜欢。

曹操建都邺城后，不惜重金将当年被匈奴掳走做了左贤王妻子的蔡琰赎回，并为她在邺城组建了乐坊，相当于现在的音乐协会。每当举行庆典活动，官府豪门婚丧嫁娶都要请乐坊助兴，在邺城产生了很大影响。后来，蔡琰向曹操提出想为父亲建造一座墓园的愿望。曹操鉴于蔡邕曾是他的恩师，蔡邕因董卓事件死于牢中，无人安葬，便欣然同意。经过选址，在漳河南岸卧龙岗北坡下兴建落成。同时还特意在这里建设了演艺厅，供蔡琰培养人才集中活动使用，蔡琰对此非常感激。她精通乐理、乐器、音律，为报答曹操知遇之恩，不仅把传统的琴、瑟、箫、琵琶发扬光大，而且对竽、笙、箜篌等进行了研究，大大丰富了乐器形式。她开办讲堂，招收学员，多方培养，学成后让他们各自成立音乐班子，到不同地方演奏，使魏都音乐事业出现了空前繁荣的局面。

为了扩大演奏的影响，提高乐坊的知名度，进一步促进音乐事业的发展，丰富老百姓的文化生活，她特意在漳河南岸的一块开阔地上开辟广场，筑起高台，成为集中对外演奏的场所。每月召集各地音乐班来此会演，每年举行一次大赛活动。届时十里八乡的人们都赶来围观，场面十分热闹。曹操经常来这里巡视，对蔡琰的做法十分满意。

一次，蔡琰经过精心准备，特意邀请曹操来这里欣赏。这次，她不仅安排了常规的各类乐器表演，而且还排练了翘袖折腰舞和盘鼓舞。前者长袖袅袅，身轻如燕；后者刚柔相济，激情澎湃，博得了会场观众的阵阵喝彩。尤其是表演的《东海黄公》更是别开生面，巫师制伏白虎，黄公法术不灵，终为白虎所杀。这个节目通过戴白虎面具进行角力相扑表演的故事，使曹操频频点头，不住赞许。他看着欢呼雀跃的人群，高兴地对身边的蔡琰说："古之人与民偕乐，故能乐也，这是说古代的圣人与庶民百姓一起快乐所以才能永久地快乐呀！"蔡琰应声答道："我们发展音乐事业，就是图个众乐啊！只有这样，才会安居乐业，才能国泰民安。"一句话说到曹操的心坎上，他连声答道："众乐、众乐、与众同乐，好，好哇！"为了表彰蔡琰对音乐事业的贡献，曹操下令将这里的村庄定名为"众乐村"，一直沿用至今。

高穴村的故事

高穴村位于河南省安阳市殷都区安丰乡境内，现分东、西高穴两个村庄。这个村历史悠久，原名已无法考证，东汉末年叫"高榭村"，据说这个名字还是曹操亲自起的呢！

曹操平定北方，统一中原，定都邺城。事业风生水起，如日中天。一日，春和景明，阳光灿烂。他在府中处理完军政事务，便徒步登上城楼，欣赏自然风光。凭栏西望，只见远处高地万木葱茏，云遮雾绕，漳河如带，气象万千。顿感心胸开阔，神清气爽。他伫立良久，喜不自胜，便产生了到此一游的想法。于是他便下楼更衣，带领身边文臣武将，策马扬鞭，欣然前往。

不多时，曹操一行便来到了当年西门豹引漳入邺的地方。举目望去，只见沟渠纵横，岸柳成行，鸟语声脆，野兔追逐，好一片醉人的风景胜地。曹操下马走到高处，纵目环望，无限风光，尽收眼底。只见南靠莽莽寿安（北岭又叫寿安山），北邻悠悠漳水，西望巍巍太行，东观西门神祠。他触景生情，心驰神往，不禁感叹道：“这里背岗临水，地势开阔，真是难得的风水宝地啊！”

曹操博览群书，多才多艺，对风水颇有研究。当年邺城建筑的图纸就是他根据风水学设计的，邺城的规划建设历来备受推崇。此城为七五格局（东西七里、南北五里），七门环绕：南有永阳门、广阳门、凤阳门，东有迎春门，北有广德门和厩门，西有金明门，都富有“七星高照、五行相生”之意。尤其是他首次在建筑上提出了中轴线理念，不仅在当时绝无仅有，而且对以后的城市规划建设产生了深远影响，至今仍广泛运用。

曹操还发现这里是一个上上穴的绝佳墓地。他想，得中原者得天下，邺城就是自己的立身之地，自己百年之后能够把这里定为寿陵是再好不过了。于是他一方面在这里兴修水利，发展生产；另一方面在这个村庄建苑筑亭，使这里迅速兴旺起来。因这个村庄处在寿安山下的一片高地，村中又建有亭台楼榭，曹操特意命名为“高榭村”。曹操寿终安葬于此成为高陵后，因“陵”与“穴”同义，为了纪念曹操，人们便把这个村改名为高穴村。随着时间的推移，这里的人口逐渐增多，面积不断扩展，慢慢分成两个村，便有了东高穴、西高穴两个村名，一直沿用至今。

于曹村的故事

在河南省安阳市境内韩陵山南，洹河北岸，有东、西于曹两个村庄，一个属安阳市北关区管辖，一个位于安阳县韩陵镇境内。追溯历史，于曹村最早名叫北魏村，是到东汉末年才更改为现在的村名。

公元201年，曹操取得官渡、仓亭两次大捷后，乘势北上，在韩陵山一带与袁绍展开一场激战，两军对垒，相持不下，不分胜负，便各自罢兵休战。这时，刘表新得刘备，对许都虎视眈眈，为稳固后方，曹操看急攻难胜，便命令在一个名叫北魏村的村庄安营扎寨，屯兵休整，牵制袁军，他却自率大军秘密撤回。

曹操让于禁设营驻军在北魏村是有其深层用意的。一是当时曹操政权称“魏”，与这个村名巧合。曹操通晓天文八卦，取吉祥之地。二是这里南临洹水，北临韩陵山，是战略要地。易守难攻，进退自如。临行，曹操面授机宜，要于禁一定要严明军纪，对老百姓秋毫无犯，顺从民意，体察民情，赢得民心。曹操班师之后，于禁一一依照执行，主动帮村民解决实际困难，军民关系十分融洽。曹军每日正常操练兵马，严阵以待，使袁绍摸不清底细，不敢轻易动兵，两军相安无事。

天有不测风云。时值盛暑时节，突然大雨骤降，数天不停。河水暴涨，惊涛奔涌，眼看就要冲垮堤坝。将士们纷纷要求赶紧迁移兵营，驻扎山上。于禁想起曹操临行嘱咐，果断地说：“现在洪水骤至，情况危急，我们一走，老百姓怎么办？河堤一旦决口，后果不堪设想，我们不能见死不救啊！”于是他一边派人去安抚召集老百姓，一边命令将士紧急集合，全力以赴，固堤护坝。就这样，于禁身先士卒，带领全体军民奋战在咆哮的洪水之中，打木桩堵漏，运土固堤，终于保住了大坝，使村民转危为安。

由于于禁率军抗洪救险，确保了一方平安，老百姓把于禁视为恩人。洪水过后，老百姓杀猪宰羊，前来军营慰问。于禁则带领将士帮助农民恢复生产，并将军马无偿让老百姓使用。这样一来，军民关系更加密切。后来，曹操率领大军将袁绍打败，占领了冀州之地。当于禁撤离北魏村时，老百姓敲锣打鼓，夹道欢送。

次年，于禁又率军路过这里。村民们闻讯自发涌上村头，热情迎接。

有的送粮，有的送瓜、果、鸡蛋，亲切得像招待家人一样。于禁老家当年遇到大旱，不仅颗粒无收，就连吃水都十分困难。几位老人在和于禁谈心时知道这一消息，便主动筹集粮款，派专人送去。后来，又同村民商议，从村中调出三十亩地，房屋十间，请于禁家属在该村安家落户，令于禁十分感动。当老百姓谈起他的救命之恩的时候，于禁总是说："我们能够这样做，要归功于曹丞相啊！"

"归功于曹丞相"这句话在村中广为流传，后来曹军称魏之后，几位老人说："咱们魏村的魏和曹真的有缘分啊，人家于将军又是咱村的恩人，干脆把咱的村名改为'于曹'好了！"大家一致同意。"于曹"的村名便由此定下来，一直沿用至今。直到现在村上大多数人家仍然姓魏，村里人都以有这段历史感到骄傲和自豪。

秋口无月的故事

在河南省安阳市殷都区北蒙办事处辖区，有个叫秋口的村庄，历史上曾名为"无月村"。传说过去在该村西边不远处有个寨子，名叫"同乐寨"。《安阳志》记载："同乐寨占地面积二十余亩，寨门面向东南。寨内有一片无光之地，一年四季，不管春夏秋冬，每月十五、十六总是不见月色。"迄今还有"无月寨"之称。为什么这里会出现如此天象奇观？这要从貂蝉之死说起。

东汉末年，秋口有户富豪家中有一用人叫貂蝉，自小出身官宦之家，貌美如花，聪明伶俐，知书达理。因家庭变故，沦落至此。当时，这主人有儿子在京城做官，适逢司徒王允遍选歌伎。这主人为了讨好王允，便把貂蝉选进王府。貂蝉聪慧贤淑，善解人意，深得王允喜欢，对她像亲生女儿一样，并教以歌舞，貂蝉出脱得如仙女一般，色技俱佳。

当时，奸贼董卓把持朝政，荒淫残暴，杀人如麻，致使天下大乱，民不聊生。为替天行道，为国灭奸，为民除害，王允决定利用貂蝉施展“美人计”，离间吕布与董卓之间的关系。吕布是个好色之徒，王允许诺吕布纳貂蝉为妻后，吕布喜出望外。接着又将貂蝉送给董卓为妾，董卓终日迷恋。貂蝉假意与吕布缠绵，引诱吕布刺杀董卓。当吕布在徐州下邳白门楼被曹操斩首之后，貂蝉便带着为吕布生下的儿子逃回家中。

时隔不久曹操得到了貂蝉在秋口的音讯，为斩草除根，不留后患，便派人前往捉拿，将貂蝉及吕布之子一律斩首。在法场上，刀斧手看到貂蝉“沉鱼落雁之容，闭月羞花之貌”，竟然心醉神迷，当举刀下落时貂蝉微微一笑，手中的刀便不由自主地落到地上。换了好几个刀斧手，都怜香惜玉，于心不忍，难以挥刀。曹操知道后，处斩貂蝉决心更坚，便派刚直、不贪美色的关云长前去行刑。

关公奉命将貂蝉绑赴同乐寨法场。这天正是农历八月十五，到了夜晚，月光皎洁，夜如白昼。关羽举起刀来，眼见貂蝉的仙女美貌，也不忍心把她斩首。可是丞相的命令难违，他一狠心，让貂蝉把身体转了过去，面朝月光跪到地上。没想到这时天空骤变，乌云遮日，周围漆黑一团。关公手起刀落，貂蝉身首分离。关羽转身飞马而去，霎时又明月复照，明亮如初。但在貂蝉被斩的一席之地仍没有月光，人们看不到尸首。从此以后，在寨内这一片地方，即便是明月普照，也是漆黑一片。秋口村的“无月村”“无月地”由此而来。

由于千年的自然地理沿革和地壳的变化，此景已不复存在，但这个故事一直流传至今，被人津津乐道。

曹操暗查笔迹锄奸的故事

公元204年，曹操率军攻克邺城，袁尚仓皇而逃，窜至匈奴。袁尚不甘心失败，派人乔装打扮，隐藏城中，企图里应外合，收复失地。为了瓦解军心、挑唆百姓，暗藏之徒向曹操写了一封匿名信，并公然贴在城门墙上。文中颠倒黑白，混淆是非，极尽造谣诬蔑之能事，气焰十分嚣张。

曹操看后，怒不可遏，立即召来司空掾国渊商量查处此事。曹操仔细一看，发现信中有几处引用了张漠广《二京赋》的内容，心想邺城懂《二京赋》的人不多，这封信一定出于有学问的人之手。于是心生一计，让国渊派出一些孩子在城内四处求师学习。并说，《二京赋》这篇文章写得很深刻，如果能找到读懂这篇文章的老师，马上向我禀报。

不久，有几个孩子分别找到了几位能读懂《二京赋》的老师，国渊知道后，分别给他们写信。信上极力夸奖先生出类拔萃，学问高深。现有几个地方不得其解，望不吝指教。等这几个人回信后，将笔迹和那封匿名信一一对比，果然发现一封与此相同。经当面对质，此人正是写那封匿名信的人。

曹操知道后，便立即将此人抓来审问。此人见无法抵赖，便如实招供。原来那封信是袁尚暗藏的奸细重金收买而写，于是曹操下令全城搜捕，终于把这些内奸一网打尽。

曹操巧断龟肉杀人案

这是发生在曹操任洛阳北部尉时候的故事。

公元174年，曹操二十岁，因举孝廉而为郎官，正式走上仕途。不久，在司徒司马防的举荐下，曹操被封为洛阳北部尉也就是现在的公安局局长，负责当地的社会治安。

洛阳城里有一位姑娘叫杨仪，天生丽质，容貌姣好。有一次，她随着母亲去白马寺上香，被地方上的一个地痞曹贵看上了。这个地痞平时游手好闲，吃喝嫖赌，无恶不作。他见杨仪长得相貌出众，就心生歹念，企图霸占她。第二天，他就迫不及待地托人上门提亲。因他是地方恶棍，蛮横霸道，仗势欺人，所以杨仪的父母不敢得罪，只是一味借故推托敷衍。

正在家里左右为难的时候，中书令的儿子刘春新举任孝廉，听说杨仪仪容漂亮，端庄贤慧，就慕名上门提亲。杨仪的父母喜出望外，便满口应承下来。杨仪父母心想，这样一来刘春之父是中书令，也就不用再担心恶棍曹贵前来纠缠；二来也门当户对，嫁给刘春也不至于亏待自己的闺女，也算找了一个好的人家。但这时杨仪已经有了自己喜欢的人，他叫王辰，和杨家相邻。两人从小经常见面，情投意合，以兄妹相称。可为了躲开曹贵，杨仪便只得顺从了父母。尽管她心中不乐意，但也无可奈何，只有暗自叹息流泪。

亲事定了下来，很快到了迎娶的日子。因杨仪是独生女，无兄弟姐妹，便让邻居王辰前去送亲。按当地的习俗，闺女出阁，娘家要送一只乌龟，在新婚当天煮熟让丈夫吃，以龟的长寿寓意夫妻白头偕老，图个吉利。谁知当天新郎把龟肉刚吃上几口便肚如刀绞，倒地身亡。全家顿时五雷轰顶，哭声震天。家里人报案后，捕房很快来到。经过现场勘验，查明刘春是吃龟肉中毒而死。因王辰与杨仪早有情缘，王辰又是送亲人，捕房怀疑是王辰所为，便差吏迅速将王辰抓来，屈打成招，只等开刀问斩。

杨仪得知此情，如晴天霹雳，哭得死去活来。她不顾颜面，天天到北部衙门喊冤。曹操疾恶如仇，体察民情，当得知这一情况后，马上就把王辰提来重审。曹操见王辰一介书生，面相善良，不像作恶之人。可真凶又是谁呢？于是曹操又把娶亲当天相关的一干人传来，了解真相。经仔细询问，都一致做证说乌龟从礼盒取出来还是活的，蒸煮过程中多人在场无人投毒。如果有人提前给乌龟下毒，那乌龟肯定早死了。可这龟到王家明明是活的，这可就怪了，没有投毒，人确定是毒死的，这又怎样解释？曹操百思不得其解。

审案过后，曹操苦苦思索，难道乌龟煮熟后会出现某些变异导致产生毒素？晚上，他遍翻案头书籍，想从中找到答案。当他翻出伊尹所著的

《汤汁经法》一书时，不禁眼前一亮。原来书中说有一种龟叫晒腹龟，此龟肉含剧毒，食后会立即毙命。常见的龟都在太阳下晒背，而这种龟却独晒其腹，因此名为晒腹龟。曹操看到这里，心中大喜，拍案叫好。第二天，他亲自到市场上买了一只晒腹龟拿回来让狗吃，狗没吃几口便浑身打抖，口吐涎水，不一会儿便死了。曹操这时恍然大悟，原来是有人在乌龟上做了手脚啊。

第二天，曹操立即派人到市场上打听，因这种龟极其稀少，又能治病，所以价格不菲，很少有人购买。当询问买主是谁时，很快有人说曹贵曾经买过一只晒腹龟。得知这一情况后，为了把证据拿到手，办成铁案，曹操便又生一计。

按照曹操的安排，曹操让人把同姓的官绅都请到衙门赴宴，特意通知曹贵参加。曹贵得知赴宴的都是有身份的人，自然欣然而来，并不怀疑。席间，曹操使人端来乌龟肉，曹操指着说："各位兄长，我来到洛阳为官，承蒙同族人关照。今天我得了一只很少见的乌龟，请诸位品尝。"在场的人十分好奇，曹操顿了顿接着说道："此龟很怪，冬游黄河春游海，水中专把活蛇逮。钻出水来不晒壳，喜欢只将肚腹晒。"在大家的笑声中，曹操让人给来客各盛一碗，上到桌上。曹操细心观看，人们都拿起筷子开心地吃了起来，只有曹贵未动筷子。

大家吃得正高兴，曹贵突然忍不住高声说了一句："别吃了，这乌龟有剧毒。"曹操佯装吃惊，面向曹贵说："难道我想害众弟兄不成?"曹贵说："不瞒大家说，这龟叫晒腹龟，有剧毒，吃了之后会要命的!"大家听到都吓坏了，争着问："那怎么办呢?"曹贵说："书上讲，喝杜康酒可解毒，不妨抓紧试试。"于是，曹操让人搬酒来，大家争着倒满碗喝了起来。

曹操怕大家喝得过量，便笑道："各位兄长，不用再喝了。这不是什么晒腹龟，是我从洛河边刚买来的咱本地龟，只是我让厨师做了一道特色菜而已。"大家一听，这才放下心来。可是曹贵这时却吓得浑身哆嗦。曹操上前问道："曹贵，我刚才看你并没有吃龟，为何吓成这样？"曹贵知道上当了，无言以对，低头不语。曹操勃然大怒，厉声喝道："你毒死刘春，诬陷王辰，还不从实招来。"

曹贵见抵赖不过，像泄了气的皮球一样，瘫倒在地。为了免受皮肉之苦，只得说了实情。原来是他为了把杨仪搞到手，便花重金买来了一只晒腹龟，又花大价钱买通了丫鬟，来了一个狸猫换太子，将礼盒中的无毒乌龟换成了一只晒腹龟，结果毒死了刘春。

真相大白，曹贵被判死罪，并把丫鬟捉拿归案，关进大牢服刑。曹操放出王辰，并亲自主婚，使有情人终成眷属。自此，曹操巧断乌龟杀人案的故事便传扬开来。

曹操与曲沟抬阁的故事

公元 217 年，曹操经慎重考虑，立五官中郎将曹丕为世子，了却了他在继承人方面久拖未定的心事。

曹丕多年挖空心思，不择手段地和曹植争夺世子之位，现在终于如愿以偿，心花怒放。史载，消息传到曹丕耳中时，曹丕马上高兴得手舞足蹈，喜不自抑，一下子搂住丞相长史辛毗的脖子，得意忘形地说："佐治知道我心里多么高兴吗？"欣喜之情，溢于言表。为了讨得父王的欢心，也为树立自己的威望，他精心组织了一次隆重的赛诗会，并举行了别开生面的开幕式，特意邀请父王曹操出席。（见《梦回邺城》第三十七回）

这一天秋高气爽，风景宜人。铜雀台上群贤毕至，高手云集。曹操满面春风，神采奕奕。刚一落座，远处便传来了阵阵锣鼓声。循声望去，只见彩旗飞扬，色泽艳丽，一支载歌载舞的队伍，踩着铿锵的鼓点向这里走来。这支队伍在蓝天白云的陪衬下，格外亮丽悦目。

曹丕指着这支队伍，得意地对曹操说：“父王，您知道他们是做什么的吗?”曹操应声答道：“是婚嫁娶亲的吧?”

“不是!”曹丕神秘地眨眨眼，喜上眉梢，不无炫耀地笑眯眯地说，“那是曲沟抬阁!”

“曲沟抬阁?”曹操眉头紧蹙，又迅速舒展开来，兴致勃勃地问道：“怎么我就没有听说过呢?”

曹丕见父王来了兴趣，正中下怀，便侃侃而谈：“说起曲沟抬阁得从曲沟的来历说起，曲沟本来叫‘干戈沟’，当年孔子带领弟子周游列国，途经这里。那时正赶上天阴下雨，路滑难走，弟子们疲惫不堪，便打算到村里借宿。孔子听说这里叫‘干戈沟’，马上表示渴死不饮盗泉之水，绕道不走干戈路，催促弟子们冒雨赶路。大家实在走不动了，便鼓动师兄颜回说服老师。颜回沉思片刻，便煞有介事地对孔子说：‘老师，这条沟叫干戈沟，但这个村不叫干戈村。’孔子说：‘那你说这个村叫什么村?’颜回机智地答道：‘听老百姓讲，至今还没有村名。’于是孔子便同意在这个村里住下来。其实这个村名本来就叫‘干戈沟’，可能是因为这个村常年战乱而起的名字。当地的村民本来就忌讳这个含有血光之灾的称谓，早想改一个村名。见来了群读书人，领头的竟是赫赫有名的孔子，便热情地款待他们。当时设下宴席，场面十分热闹。席间，村里的老者恳请孔子为村子起个吉祥的名字。孔子一听，十分高兴，欣然应允，就以家乡曲阜这个‘曲’取代了‘干戈’二字，定名为‘曲沟村’。大家一听，齐声叫好。为了表达对孔子的感激之情，孔子临行时，村民们便以一种高雅的礼仪欢送贵客。他们在大方桌上绑起抬杠，上面堆满鲜花，让最优秀的少男少女歌手站在桌上，抬着、走着、唱着，敲锣打鼓地把他们一直送到村外。从此，‘村民高抬童子送孔子’的故事便不胫而走，流传下来。后来，每逢重大节日，这一带人便用这种形式欢庆，‘曲沟抬歌’便成了这里的一大特色。据说，苏秦游说六国合纵抗秦，六国君王相会在洹水签订合纵盟约。苏秦佩六国相印，仪式非常隆重。

曲沟百姓为了尽地主之谊，出动了十多架抬歌赶来庆贺。各国的乐手纷纷鼓瑟、弹琴、鸣钟、击磬，合力伴奏，场面十分隆重。”

曹操听着曹丕绘声绘色的叙述，眉飞色舞，十分兴奋，开心地说：“想不到曲沟还有这么有趣的来历啊！”曹丕看到父王兴趣盎然，便接着说道：“后来，曲沟抬歌又变了。”

“变了，怎么变了，想必子桓知道吧？”曹操追问道。

曹丕看着父亲好奇的眼神，缓缓说道：“秦始皇统一天下，决定巡游北方，东临泰山祭拜。当路经这里时，按照当时地方官员的指定安排，村民们早早地开始准备。由于朝廷规定，夹道迎送的人要远离天子驰道，确保皇帝安全。村民们想，抬歌即便唱得再优美，也传不到秦始皇耳朵里。为了引起秦始皇的注意，村民们便舍弃了桌子，制成高架，将木料雕刻成奇花异草、飞禽走兽，让俊男靓女立在架顶表演。这一招果然灵验，秦始皇驾临的时候，尽管听不到歌手的咏唱，却被这奇妙的景象吸引住了。为此秦始皇还特意颁诏奖励了地方官员，并御赐洹河为‘彰德河’。从此以后注重听觉表演的抬歌便转变成了注重视觉表演的抬阁了。”

“抬阁太神奇了！”曹操情不自禁地啧啧称赞，“今天我要好好看看，开开眼界。”

其实，为了准备这次抬阁，可实在不易。东汉末年，邺城一带陷于战乱，人们背井离乡，土地一片荒芜，曲沟抬阁几乎湮没。直到曹操击败袁绍，实行军屯、民屯，这里才渐渐有了生机，一些外出逃难的人也陆续回到了故里。曹丕久在邺城，又是实际上的文人领袖，早已听说曲沟的奇妙。他被立为世子，这是平生最大的事情。为了露一手，显示一下自己，便想用这种形式博得曹操的欢心。当他赶到这里让村里人出阁的时候，村里人实在犯了难。因为山上的大树毁于战火，小树又无法雕刻成能够载人的阁架。但世子严令难违。无奈之下，艺人们便想出一个办法，那就是用木棒和硬陶做成混合阁架，装饰各种图案。为了减轻抬阁的负载，歌手一律用童男童女，成人不再上阁，只是在抬阁的四周伴唱和伴奏。

抬阁走过来了，果然异彩纷呈，巧妙无比，令人耳目一新，惊羡不已。阁顶童男童女浓妆艳抹，舞姿翩翩；阁上造型千姿百态，栩栩如生；阁下众人群拥，尽显本领。再加上锣鼓伴奏，钟磬激越，果然是琳琅满目，美不胜收，声乐并茂，动人心弦。那精彩别致的表演，巧夺天工的设计，博得了人们的阵阵喝彩。

曹操看后喜形于色，十分高兴，满意地对曹丕说："没想到我们魏国还有这么好的民间艺术，真是一绝呀！我们一定要保护好、组织好、扶持好、发展好，使这种表演形式越来越好！"

一连串的"好"字使曹丕心里像灌了蜜一样，有说不出的爽快甜蜜。

由于曹操的高度重视，曲沟抬阁在中原一带迅速走红，成了人们喜闻乐见的表演形式，推进了邺城文化事业的进一步繁荣。

于禁高陵自刎的故事

公元220年一月二十三日，曹操病重不治，溘然长逝。曹操之子曹丕为他举行了空前隆重的国葬。

曹操的灵柩在魏都邺城的文成殿停放了二十一天后，被送往高陵安葬。邺城到高陵约二十里，送灵的队伍将两地连在了一起。人们一身缟素，手举灵幡，像一条白色的河流慢慢涌动。飘飞的纸钱如雪片一样随风翻荡，撒落在广袤原野上。

曹操陵墓按他生前安排已全部竣工。整个墓室坐西面东，是四室一厅之状。墓前室高6.5米，后室高6.4米。每个墓室都有两个侧室。军士抬着曹操的棺椁经过6米长的墓道，将棺椁安放在正前厅内。

于禁跟随着曹操三十多年，屡立战功，曹操对他十分推崇。这天，他低头缓步，随着文武官员走入墓道。他突然看见墓道上涂着白粉的拱壁上有一幅“水淹七军”的图画，心中陡然一惊。仔细一看，画面上的内容是关云长俨然上座，庞德[1]愤怒不屈，于禁跪伏在地，哀求饶命。这一下使他如五雷轰顶，面如土灰。原来曹丕从心里鄙夷于禁的人格，所以特意让人将这幅画安置在此处，以责其不忠之举，警示后人。

可以说，“水淹七军”是于禁的一场噩梦，也是他永远抹不掉的污点，这在罗贯中的《三国演义》第七十四回中有详尽的描述。

当时，关云长率大军攻樊城，形势危急。守将曹仁向曹操求援，曹操马上派于禁、庞德率军前往。时值雨季，当到罾口川时，连日大雨不停，曹军只得驻扎下来。这天，关云长让兵士到上游决堤放水，一时大水骤至，波浪滔天。满目原野转眼变成泽国，平地水有五六丈深。曹军猝不及防，四散奔逃，溺水淹死者不计其数。关公早备下大船，摇旗呐喊，从四面围攻上来。于禁策马狂奔，见四下无路，左右不足五六十人。料到不能脱身，便投降了关云长。庞德率五百人跑到堤上，全无畏惧，奋勇杀敌。部下看寡不敌众，劝他投降，他高呼：“勇将不怯死以苟免，壮士不毁节而后生，今日一定和关云长决一死战！”最后非死即逃，只剩下庞德一人力战。这时，正遇荆州数十人乘小船驶近堤前，他飞身一跃，跳上船去，立杀数十人，其余的弃船逃命。庞德一手提刀，一手摇桨，想到樊城与曹仁会合。没想到突然荆军大将周仓从上游撑一大筏顺流而下，撞翻小船。这周仓素知水性，更兼力大，因此庞德力尽被擒。

周仓将庞德擒到帐中，关云长劝他投降，庞德怒目圆睁，骂不绝口。关公大怒，立即将他斩首。于禁投降，被带回军中羁押。后来，关云长被孙权打败，孙权为讨好曹操，放于禁返回了邺城。

那天，当着魏都文武官员的面，于禁看到这幅“水淹七军”画面后，羞辱难当，无地自容。他万念俱灰，面对曹操棺椁，大呼一声：“丞相，我随你去了！”当即拔出佩剑，众人来不及阻拦，于禁当即自刎身亡。

后人有诗叹道：“三十年来说旧交，可叹临难不忠曹。认人应从心中识，辨友更要骨里瞧。”

注释

[1]庞德（？—219），字令明，南安郡狟（huán）道县（今甘肃天水市武山县四门镇）人，原为马腾麾下武将，在随马腾四处征战的过程中屡立战功，勇冠三军。马腾被曹操征为卫尉后，庞德归属马超。马超兵败后，庞德随其一起投靠汉中张鲁，而后马超归降刘备，庞德仍留在张鲁麾下，曹操平定汉中后，庞德加入曹操阵营。

襄樊之战时，庞德率军支援樊城曹仁，在与关羽的战斗中，曾一箭射中关羽前额，之后遭逢汉水暴溢，庞德连同于禁全军覆没。兵败被擒后，庞德誓死不降，为关羽所杀。被追谥为“壮侯”。

庞德经常骑白马作战，因而被称为白马将军。

上营村、下营村、营房村的故事

殷都区洪河屯乡上营村、下营村、营房村是当年曹操攻克邺城前大军驻扎的地方，在安阳历史上久负盛名。

当时袁绍死后，长子袁谭、三子袁尚为争夺王位，反目成仇。经过数次交锋，袁谭抵挡不住，退守平原。袁尚为斩草除根，紧追不舍到平原城下。曹操乘两虎相斗之机，率军攻打邺城。

曹军沿太行西山小道星夜北进，经洹河水路直抵卧龙岗上。曹操一面令前锋曹洪包围邺城，一面令大军在卧龙岗安营扎寨。曹操自立营房为中营，设指挥大帐，其他将士分上营、下营驻扎。旌旗林立，队伍雄壮，阵容整齐。

曹操升堂议事，说到邺城，情不自禁地说：“邺城果然名不虚传，真是一方宝地啊!”

谋士许攸[1]接上话茬儿说:“可不是嘛，这里西有太行山可托，北有漳河可傍，南有汤河可依，东有广阔平原可辅。土地肥沃，物产丰富，若拥有邺城，何愁事业不成，江山不固?”

许攸话音刚落，曹操应声说道:“子远所言有理，这一带的历史我也略知一二，商王盘庚迁殷，结束了动乱，使当时社会稳定，国富民安。之后相传八代十二王，这里真是有名的帝王之地呀!”

谋士贾诩应声而道:“当然，齐桓公在这里修筑了邺城，实在是有远见卓识，使四方归附，威名远扬，终于九合诸侯，雄视天下，成了春秋时期第一位霸主。”

贾诩声音未落，谋士程昱便跟着大发感慨:“对! 这一带人杰地灵，名人众多，文王被商纣王拘羑里，曾发愤著书，编成《周易》; 战国时期，魏国郡令西门豹曾在这里兴修水利，引漳入邺，除河伯娶妇之害; 楚将项羽在这里引兵渡河，破釜沉舟，大破秦军。这里名人故事，举不胜举啊!”

“所以，我们这次打邺城是攻必克，战必胜，请诸位各提高见!”曹操一锤定音，回到了正题。程昱率先开口道:“攻打邺城，应首先剪除羽翼，扫除周边袁军，使邺城变成一座孤城。到那时全力攻打，不难攻克!”曹操点头称是。

正商议间，忽报袁尚率军从平原回救邺城。众谋士纷纷说:“这是返回大本营的军队，人人都会拼命作战。不如先避开他们，放入邺城，然后围而歼之。”

曹操听后，胸有成竹地说:“袁尚如果从大路来，就避开他。如果他是沿着滏水经西山小路来，那他就要被我们活捉了!”不多时，探子来报，说袁尚从西山小路来。曹操于是调兵遣将，果然取得全胜。袁尚险些被俘，落荒而逃。曹军所向披靡，势如破竹。毛城、邯郸被克，涉县、易阳不战而降。曹操拔寨而起，亲率三军攻克邺城，建立了稳固的根据地，为统一北方奠定了坚实基础。

曹操率军走后，这里成为军屯之地，仍以营为单位。随着时间的推移，逐渐形成了村庄，被后人定名为上营、下营、营房村，一直沿用至今。

注释

[1]许攸（？—204），字子远，南阳（治今河南南阳）人。本为袁绍帐下谋士，官渡之战时其家人因犯法而被收捕，许攸因此背袁投曹，并为曹操设下偷袭袁绍军屯粮之所乌巢的计策，袁绍因此而大败于官渡。后许攸随曹操平定冀州，因自恃其功而屡屡口出狂言，终因触怒曹操而被杀。

梁布大营村的故事

河南省安阳市殷都区洪河屯乡有个梁布大营村，这里曾是当年曹操在漳河训练水军时的兵营。

曹操平定北方后，把南征提到重要战略位置。他知道训练水军事关征战大局，事关统一天下大业，必须高度重视，抓紧实施。经过再三斟酌，特意提拔毛玠[1]为右军师，让他全面负责。毛玠知道曹操对并州刺史梁习非常信任，便推荐梁习之子梁布负责水军管理事务。曹操闻言，喜形于色地说："梁习曾给我推荐了常林、杨俊、王象、荀纬、王凌等人才。你现在又推荐他的儿子，我哪有不同意之理？"毛玠于是欣然赴任。

当时为了向南扩展自己的势力，曹操在铜雀台西南八公里处建了一个人工湖，以供练习水兵之用。曹操命名为"玄武池"[2]，玄武池东起桑村，西接漳河渔洋渡口，绵延二十余里，水面宽阔，舟行便利。梁布领命后，便在卧龙岗东的开阔地带建立了容纳万人的水军大营。水军大营建立完毕后，曹操又专门赶到水军大营表示祝贺，使毛玠梁布备受鼓舞，深感责任重大。

毛玠紧锣密鼓训练水军，梁布专门在营中为曹操建起了议事厅，毛玠经常在这里向曹操汇报训练进展情况，那高昂的士气，攻防的阵法，水上的功夫，曹操每每听后都喜上眉梢，乐在心头。在毛玠的安排下，特意举行了盛大的水军阅兵式。曹操在毛玠的陪同下观看了水上作战表演，只见坦荡如砥的水面上旌旗鲜明，战船林立。战鼓响起，船如离弦之箭；鸣金令出，回舟布局严谨。看着毛玠调度有方，曹操赞不绝口。军事演习结束后，全体将士齐集于大营之内。面对阵容整齐、士气高昂的全体将士，曹操发表了热情洋溢的讲话。最后他慷慨激昂地说："我有了这样强大的水军，南征刘表、刘备和孙权不在话下，胜利一定属于我们!"曹操的讲话博得了雷鸣般的热烈掌声，喝彩之声如山呼海啸，惊天动地。

曹操以梁布大营为基地，培训了大批能征善战的水军，为统一南方发挥了重大作用。后来，这里的人们便把梁布大营定为村名，至今依然未变。

注释

[1]毛玠（？—216），字孝先，陈留平丘（今河南封丘）人。东汉末年大臣。

年少时为县吏，以清廉公正著称。因战乱而打算到荆州避乱，但中途知道刘表政令不严明，因而改往鲁阳。后来投靠曹操，提出"奉天子以令不臣，修耕植，畜军资"的战略规划，得到曹操的欣赏。

毛玠与崔琰主持选举，所举用的都是清廉正直之士。而毛玠为人廉洁，兴起天下廉洁之风，一改朝中奢华陋习。曹操大为赞赏，曹丕也亲自去拜访他。

曹操获封魏公后，毛玠改任尚书仆射，再典选举。又密谏曹操应该立嫡长子曹丕为魏国太子。崔琰被杀后，毛玠十分不快。后来有人诬告毛玠，曹操大怒，将毛玠收于狱中。及后在桓阶、和洽营救下，只被免职，不久逝世于家中。曹操在他死后赐他棺材和钱帛。

[2]玄武池，赤壁之战前，曹操占据中原后，为向南扩展自己的势力，便着手组建水军。古时候，在邺城铜雀台西南八公里处曾是一个人工湖泊，曹操又动员民工进一步大规模挖掘，形成了一方宽阔的水域，曹操将其命名为玄武池，专门在这里操练水兵。后来因长年不疏浚，加上中原一带连年干旱，池水枯竭，玄武池便渐渐淤塞，长满芦苇，变为陆地。

渔洋村的故事

河南省安阳市殷都区渔洋村濒临古老的漳河渡口，是曹操当年屯粮驻军训练水军的地方。

建安十三年正月，曹操北征乌桓回到了邺都。这时他已平定了北方，统一了中原，决定把这里当作自己的大本营，建成自己的都城。以此为中枢，实现统一天下的宏图大业。

为了实现富国强兵，巩固自己的统治，曹操推出了一系列重大举措，大规模修复西门十二渠，在漳河渡口筑城屯粮驻军便是其中的重要部分。

北魏郦道元《水经注》记载，昔魏文侯以西门豹为邺令，引漳水灌邺，民赖其用。魏武王又引漳水，回流东注，号天井宴。二十里中，作十二土登，土登就是排灌设施。

渔洋北距漳河渡口约500米，其间的幸福渠是西门十二渠的源头之一。这一带地域宽广，土地肥沃，曹操修建十二渠后，大力发展水稻种植，使粮食生产获得丰收。“上风吹之，五里飘香。”曹丕曾这样写诗赞美当时的兴旺景象，至今东稻田、西稻田村便是当年留下的村名。

渔洋自古为漳河渡口，具有重要的战略意义。曹操便在渡口南边500米开外的高地上筑城屯粮驻军，修通了从渡口到城门的大道，并在漳河训练水军，为邺城的长治久安和南下征战奠定了重要基础。

后来曹操修建了渔洋城，但和邺城一样毁于战火，成为废墟。明代重建，清代又进行了修缮。至今四门依稀可见，遗迹犹在。

上天助村、下天助村的故事

建安六年（201）春天，曹操取得官渡大捷，又率军与袁绍大战仓亭，击败袁绍，然后乘势前进，浩浩荡荡，如风卷残云，势不可当，直抵漳河南岸。

面对曹军猛烈攻势，袁绍一边让三子袁尚率兵五万守邺城，一边连夜赶到冀州，招募人马。长子袁谭率军四万从青州赶来，次子袁熙带兵三万从幽州赶来，外甥高干带兵三万从并州赶来。袁绍看到兵强马壮，扬言要和曹军决一死战，以雪官渡、仓亭之耻。

曹操命令军队在漳河沿岸布下阵势，自己则到卧龙岗北侧的一片高地上安营扎寨，指挥作战，双方相持月余不分胜负，始终处于胶着状态。

一日曹操升帐，召集文武百官商议战事。曹操直言道："袁绍虽然官渡、仓亭大败，但冀州辽阔，粮食充足，十万军马阵列对岸，一时难以攻克。邺城人马五万之众由袁尚统领，更有审配运筹，这审配是河北名士，智谋超群，不同凡响，不能速胜。我军长驱直入，粮草补给困难，不如避其锋芒，暂且班师，不知诸位意下如何？"

谋士贾诩略做沉吟，开口说道："袁绍困兽犹斗，负隅顽抗。我军远道而来，宜在速战，今已相持四十余日，军粮将尽。由此看来还是丞相说得在理。"

许攸腾地站起来，应声而道："万万不可，袁绍元气大伤，军心动摇，虽有十万之众，实在不堪一击。我们应趁势强攻，一举可定。自古得中原者得天下，邺城是中原胜地，兵家必争，如果为我所有，天下大事可定！"

程昱刚要开口，忽然荀彧派人送来书信。曹操拆开一看，上面写道：“今刘备在汝南得刘辟。龚都数万之众，来攻许都，十万火急，应速回军救援，以固根本。”曹操看毕，传示众人。大家一听便不再争论，曹操于是决定撤兵回援许都。

与此同时，袁绍也在帐中商议交战事宜。谋士郭图说：“曹军远道而来，长驱直入，其势不可争锋。现在已持续月余，兵已疲惫，锐气大减。有情报说曹军粮食将尽，正安排退兵，真是难得的机会，可集中兵力，渡河决战。”谋士逢纪说：“官渡、仓亭两次大战，我军伤亡惨重，再也经不起折腾了。今我军聚起十万之众，这是冀州立足之根本，此战决定生死存亡，万万不可轻易出兵。”

袁绍是个疑心很重的人，他权衡再三说道：“曹阿瞒用兵诡计多端，可能是我军坚守不出，他故意放出粮草将尽计划退兵的假消息，诱我上当。必须再派人了解实情，方可用兵，绝对不能冒险行事。”于是袁绍一面率大军在漳河北岸布阵安营，一面派将士辛明带军五百，前往对岸侦探虚实。

曹操决计撤军，又恐袁军来追。正在焦虑之时，忽报袁绍派大将辛明带人前来刺探军情。曹操不听则已，一听仰头大笑，对左右说：“此乃天助我也!”

于是曹操差夏侯渊、高览依计行事。两将带兵广征车辆麻袋，内装秸秆蒿草，沿着河西行到卧龙岗北。这里有一片开阔地，上有土堆凸起，便让军队用芦席覆盖，周围筑起栅栏派兵把守。车队从门进入，都停在栅栏中。栅栏门前是粮囤，篷布掀在一边，军士排起长队领取粮食。守军在前埋锅做饭。其实这座粮囤是两万大军仅有的粮食，全部集中于此。

夏侯渊护着车队前行，远远望见有人鬼鬼祟祟，形迹可疑，便知是袁绍细作，心中暗想：“果然中丞相计策。”他立即派人佯装追赶，辛明带人赶紧逃之夭夭。夏侯渊马上通报曹操，曹操闻讯心中大喜。

辛明远远望见，心中乐不可支，便火速回报袁绍。袁绍长出了一口气，对左右说：“曹操诡计不断，老谋深算，果然放出假消息，诱我上当。幸亏辛明大将得到消息，不然我们就又中计了！”他环视众人，接着说道：“派重兵以漳河为依托，加强防御，不可交战。”令袁谭、袁熙、高干率兵各回本部，养精蓄锐以备调用。谋士逢纪急忙说：“这样不妥，众将退去，如果曹操来攻，我们如何对抗呢？”袁绍说：“这个我心中有数，曹操之所以这么长时间不敢进攻，就是因为我军足以与之抗衡。现我军退去，他一定怀疑我是计。曹阿瞒一向用兵谨慎，料他不敢来攻。这叫以退为进之计，大家尽可放心。”众将各自领兵去了。

曹操见袁绍大军撤回，喜出望外，高兴地说：“真是天助我也！”于是又佯攻一阵，然后火速回军。

曹操的“天助我也”这句话在当地广为流传，后来当地人把村名定为“天助村”。随着人口的增多，渐渐形成了上天助村和下天助村，一直沿用至今。

水冶和彰武村、茶棚村、许炉村、李炉村、田炉村的故事

河南省安阳市殷都区水冶镇和伦掌镇的许炉村、李炉村、田炉村是当年曹操冶炼兵器的地方。

曹操攻克邺城后，声名鹊起，威震天下。他北征乌桓、西平高干，很快扫平了北方，统一了中原，使邺城成了当时实际上的全国政治经济文化中心。为了满足征战的需要，他任用长子曹丕为总督，命大将许褚、李典、田畴为大将，分别率军到卧龙岗西部筑炉冶铁，铸造兵器。相传，南北朝后魏之前，水冶无人定居。据范文澜《中国通史简编》（修订本第二篇，第500

页）记载："相州牵口冶用水冶铁，技术也较高，魏武库中兵器主要在牵口冶制造。"由此可见，由于曹操当年在这里以水为动力，鼓炉冶铁，铸造兵器，才使这一带迅速繁华起来。随着定居人口的日益增多，后来逐渐形成了水冶。

曹操北征乌桓凯旋，心里非常高兴。曹丕详细地向曹操汇报了冶炼兵器情况，他十分满意。马上下令在那里开辟了练兵场，封闭训练步兵。曹操曾多次到练兵场检阅步兵，使全体将士深受鼓舞。在曹丕的建议下，曹操在洹河岸边的开阔地带举行了全军比武大赛，分跑马射箭、刀剑拼杀、徒手格斗三个会场。历时三天的比赛场面空前热闹，十里八乡的人们纷纷前来观看。当地人在赛场路边搭起了茶棚，生意十分火爆。至今这里还有一个茶棚村，就是因此而得名。比赛结束后，召开了隆重的表彰武士大会，在当地产生了强烈反响。会后，曹操把三个会场的所在村命名为"东彰武村""南彰武村""北彰武村"，至今这三个村还引以为荣。曹操还特意把流经这里的洹河命名为"彰武河"，以倡导崇尚武功之风。这样，崇尚武功在全军蔚然成风，使将士素质大幅度提高，为富国强兵发挥了重要作用。后来许褚、李典、田畴领导的为铸造兵器而筑炉冶铁的地方形成了三个村落，人们便分别称为许炉村、李炉村、田炉村，至今未变。

曹操论赤壁得失的故事

这个故事发生在今河南省安阳市殷都区伦掌镇的元宝山中。

赤壁之战后不久，曹操精心安排了一次父子出游。

曹操对儿子的教育身体力行，因为孩子是他的未来，他不能不精心培养。

这一天日丽风和，花红柳绿。曹操偕曹丕、曹植、曹彰乘船沿玄武池西上。经过渔洋渡口，在元宝山下的水湾舍舟上岸。拾级而上，只见漫山遍野古木参天，荫翳蔽日，鸟语花香。曹操心旷神怡，兴趣陡增，招呼三个儿子在一棵大树下的土台上席地而坐，随心所欲地畅谈起来。弟兄三人难得和父亲在一起，父亲这样高兴，他们便聚精会神、专心致志地聆听父亲的话语。

“你们知道这次赤壁受挫的原因何在吗?”曹操谈到兴头上，突然话题一转，直言不讳，引出他早已准备好的内容。赤壁之战是曹操的短处，也是曹操心中永远的痛。弟兄三人没想到父亲会谈人们避之唯恐不及的事情，都用疑惑而急于求知的目光盯着父亲。

曹操顿了顿，郑重其事地说道：“兵法上说，知己知彼，百战不殆，这次失败主要原因是不知己不知彼呀。咱们北方人不习水战，人数虽众，也属枉然，此其一也。咱们的军队不服水土，又加上瘟疫蔓延，一下子损失过半。没有交战，已伤元气，此其二也。咱们训练水军只是在玄武池中，靠的是木质小船，缺乏大江之中的实战经验。而东吴是艨艟斗舰，惯于水军作战，我们根本不是对手，此其三也。当时正赶上日食出现，东南风起，我军逆风而上，对方顺风而行，此其四也。我军仗着人多势众，麻痹轻敌，而对东吴突如其来的攻击乱了阵脚，此其五也!”曹操一口气说完，加重语气总结道：“作为三军之帅，不仅要畅晓兵法，还要懂得天文地理知识。只有这样，才能指挥得当，稳操胜券呀!”

曹彰听过，感慨地说：“想不到打仗道道儿这么多，我只知道两军交战强者胜，只要不怕强手，奋勇冲杀就行，看来真得加强学习才是。”曹丕、曹植接着说：“父亲分析得十分在理，孩儿受益很大呀!”

曹操没有理会弟兄三人的话，接着说道：“按说这次南下征讨孙权比起官渡之战、北征乌桓要容易得多，如果能够得胜，天下大局可定，实现大一统指日可待，不想却落得这样的结局，这确实是一个沉痛的教训啊!”随着意味深长的话语，曹操陷入了深沉的回忆，整个战役过程历历在目。没等三个儿子表态，他继续说道："我根本没打算在赤壁这个鬼地方与对方交战，按照本来的部署，我将军队分为西部兵团和北部兵团，到夏口会合后再行攻打。至于是和孙权打还是和刘备打，我全不在乎。没想到我率西路军到达赤壁，大范围的疫病在军中暴发，造成大量减员，战斗力严重削弱。在这种情况下，突然和孙刘联军遭遇，刚一交战，我军便处于明显劣势，为了避免重大损失，保存有生力量，我下令退到长江北岸的乌林建起了水陆两军大营，命令北部兵团火速向这里靠拢，以便重新部署和孙刘联军决战。我还做好了在那里过年的打算，为鼓舞士气，我当时还把众文武邀请到一起举行江上宴会，当时我还作了一首诗呢！"

曹植才高八斗，文采超人，一听说父亲在紧张的战争中还有作诗的雅兴，便忍不住问："作的什么诗，能说给孩儿听听吗？"

曹操略一沉思，缓缓诵道："对酒当歌，人生几何。譬如朝露，去日苦多。慨当以慷，忧思难忘。何以解忧，唯有杜康。青青子衿，悠悠我心。但为君故，沉吟至今。呦呦鹿鸣，食野之苹。我有嘉宾，鼓瑟吹笙。明明如月，何时可掇。忧从中来，不可断绝。越陌度阡，枉用相存。契阔谈宴，心念旧恩。月明星稀，乌雀南飞。绕树三匝，何枝可依？山不厌高，海不厌深。周公吐哺，天下归心。"

曹植听过，顿生仰慕之情，感慨地说："这首诗充满了十足的信心，一种天下尽在掌握的感觉，令人鼓舞啊！父亲这种临变不惊、指挥若定的精神，值得孩儿好好学习啊！"

"不要夸奖，接着我犯了两个错误：一是中了黄盖的诈降计，一把大火，几乎全军覆没；二是没有向北撤退，而是向西突围。乌林往西是河湖沼泽之地，行动起来很不方便，我军走了四天时间才走到华容县境内。道路泥泞，天气阴沉又刮起大风，遇到沼泽路段，只得让兵士填上草，马匹才能通过。老弱病残的士兵被战马践踏，有的陷入沼泽之中，又死伤了不少人。"说到这里，曹操情不自禁地流下了眼泪。

“父亲，不要提这些伤心事了！”曹丕眼圈发红，轻声劝道。“要提，怎么能不提呢？教训不能不总结啊！”曹操望着弟兄三个，继续缓缓说道，“当时我应该向北穿越云梦泽，迅速向汉水方向转移。那里有正在南下的北部兵团，两军会师之后可以迅速展开反击。不必休整，马上就可以杀个回马枪，很有可能反败为胜，但这只能是假设了！”曹操连续摇头，满面内疚。

曹操一脸沉重，三人无可置喙。停了一会儿，曹操又提问道：“孩儿啊，你们知道我为什么全线撤兵吗？”他叹了口气，自问自答地说：“我退到江陵后，孙刘联军紧追不舍，要命的是孙权亲自出马攻打合肥，这招厉害，如果合肥有失，中原门户就会被打开，后果十分严重。于是我任命曹仁为征南将军，由徐晃协助守卫江陵。让折冲将军乐进守襄阳，让张辽、李典守卫合肥。我率其余军队迅速北撤，紧急布置御敌防线。所幸曹仁英勇善战，以少胜多，击退了孙刘联军。张辽不畏强敌，变守为攻，不仅战败了孙权，还让孙权的大将太史慈一命呜呼。这次战役曹仁、张辽力挽狂澜，冲锋陷阵，大扬军威，功不可没啊！”

曹丕闻言，一脸敬重，动情地说：“孩儿记下了，他们确实了不起！”曹植感叹道：“真是疾风知劲草，考验识英雄啊！”曹彰应声而道：“我也像他俩一样不辜负父亲的希望！”

“胜不骄，败不馁，这就是赤壁之战最大的收获！”像老师讲课总结中心主题一样，曹操提高了声音，英雄气概溢于言表，兄弟三人连连点头，眸子里流露出了光泽。

父子三人回到船上，只见夕阳西下，红霞满天。他们父子乘船离岸，一路有说有笑，返回了邺城。

蔡邕衣冠冢的故事

传说在今河南省安阳市殷都区安丰乡蔡村南有一座蔡邕墓，其实是当年曹操为他的恩师、蔡文姬的父亲蔡邕建的一座衣冠冢。

蔡邕，字伯喈。他从小就有学问，辞赋、文学、数学、天文无所不晓，尤其在音乐上很有造诣。汉献帝时任尚书，与曹操关系非常密切。因蔡邕博学多才，名扬朝廷，曹操曾拜他为师。蔡琰，字文姬，是蔡邕唯一的女儿，被父亲视若掌上明珠，百般宠爱。蔡琰自幼博文强识，谙熟文学，能诗善赋，音乐方面也出类拔萃。因为曹操和蔡邕关系密切，经常出入蔡府，所以对蔡琰非常熟悉。后来曹操因为刺杀董卓未遂，逃离京都。董卓胁迫汉献帝迁都长安，纵火烧毁都城，蔡琰在西行途中遭到匈奴兵袭击掳走，被迫嫁给左贤王为妻。

曹操离开洛阳长期南征北战，一直没有蔡琰消息。统一中原后，他富国强兵，使邺城成了全国实际上的政治、经济、文化中心。一天曹操得到蔡琰写来的一封信，他拆开看，上面写道：

丞相台启，再三拜言：洛阳一别，天各一方，思念之情难以言表。闻丞相平定冀州，不胜欣喜。遥望祈福，以表心迹。妾栖身漠北，艰难度日，举目无亲，昼夜叹息，家乡难舍，魂系梦萦。一十二载，苦不堪言。唯望运转，重返故里。今修书一封，伏望垂怜，以全妾意。

曹操不看则已，一看心中发酸，眼圈发红，泪水夺眶而出，马上令邺县令杨佩派熟悉匈奴情况的周进前往用重金将蔡琰赎回。

蔡琰回到邺城后，曹操对她的关怀无微不至，不仅在衣食住行上进行了周到的安排，而且抽时间就和她在一起吟诗作赋，弹琴咏歌。为了使蔡琰有一个新的归宿，曹操亲自保媒，把她嫁给了他看中的一位侍从董祀，而且还特意拨给她一座宅院，取名“沉吟雅舍”，和他女儿曹姝的“子衿雅舍”相隔不远。两个宅院的名字都是从他的名作中的“青青子衿，悠悠我心。但为君故，沉吟至今”中而来，可见曹操对她的关爱之情。

蔡邕因当年董卓之乱，含冤死于狱中。蔡琰听说，悲痛不已，每当想起来便泪流满面。在和曹操交往的日子里，她也经常提起自己的父亲，多次对曹操说："作为女儿，未能安葬父亲，这是最大的不孝啊！"曹操想到蔡邕曾是自己的恩师，蔡琰这么一说，也有同感，为了满足她的心愿，一天，曹操特意带着蔡琰，骑马西行来到了卧龙岗北的一个小村。只见这里背靠山冈，前登漳河，景色秀丽，是块风水宝地，便决定在卧龙岗下这个村的南边为她的父亲建一座衣冠冢。墓地建成后，每到蔡邕忌日，曹操便和蔡琰同往祭拜，对此蔡琰十分满意，万分感激。后来为了发展音乐事业，曹操命蔡琰主持成立了邺城乐坊（相当于现在的音乐协会），每当举行庆典活动，乐坊总要组团参加。逢年过节，乐坊总要举行盛大的表演活动。官府豪门婚丧嫁娶都要请乐坊助兴，在邺城产生了很大影响。

随着邺城乐坊组织的不断壮大和音乐事业的日益红火，曹操更加欣赏蔡琰的气质才华，对她爱慕有加，言听计从。一次，蔡琰提出建设父亲墓园的想法，曹操欣然同意。他亲自设计建设方案，不仅修缮了墓冢，增设了墓碑和墓志铭，而且特意建筑了演艺厅，供乐坊培养人才和组织活动使用。随着墓园影响的不断扩大，这个村庄很快繁荣起来。曹操还下令，把墓园所在地的这个村庄改名为蔡村，以示对作为文学家、音乐家和书法家的蔡邕的纪念。蔡琰对曹操非常感激，常常对他说："如果父亲在天有灵，也一定会感谢丞相您的！"蔡邕在洛阳任职时，有一座藏书楼，里面有大量典籍，可惜被董卓一把火化为灰烬，曹操十分惋惜。为了报答曹操，蔡琰硬是凭着惊人的记忆，将父亲存书中的几百篇文章整理出来。并且创作了脍炙人口、感人肺腑的《胡笳十八拍》，和《悲愤诗》一并交给了曹操。

曹操把蔡琰赎回来，为保护古文化做了一件非常有意义的事情，历史上把"文姬归汉"传为美谈，卧龙岗北漳河南岸的蔡村也因此很有名气，至今这个村名仍然没变。

曹操与和尚下棋的故事

在河南省安阳市殷都区洪河屯乡辉泉村，有一个曹操和寺院长老下棋的传说故事。

曹操从小就喜欢围棋、象棋，即使在行军途中，抽空也要杀上一盘。在北征乌桓前夕，他带着长子曹丕和三子曹植到卧龙岗狩猎，突然发现岗南岭下有一座宏伟的寺院，院前不远处立了一个石碑，上刻有“龙泉”二字，曹操顿时来了兴趣，这卧龙岗又叫火龙冈，水源奇缺，能有龙泉，当然令他兴奋不已，于是便决定进寺中看看。

刚到寺院门口，发现寺左边藏经阁上有一块大匾，上书“无敌棋手”四字，十分醒目。曹操不看则已，一看便产生一种不服气的心情，对曹丕、曹植说：“好大的口气，我倒要领教领教他是怎么个‘无敌棋手’!”

曹操自恃足智多谋，精通棋术，决心要与那和尚比个高低。如此一想，他就命令门口的小僧进去通报。不一会儿出来一个身披袈裟的长老，这位长老须髯飘洒，鹤发童颜，精神矍铄，步履稳健。只见他双手合十道：“不知将军驾到，有失远迎，罪过，罪过!”曹操也拱手还礼，在长老的带领下，直接走进方丈室之中。曹操开门见山地说：“明天我就要带兵出征了，为了放松一下心情，特来此地消遣，路过这里。听说长老是‘无敌棋手’，特来领教，不知长老意下如何?”

老和尚捋了一下胡须，仔细端详曹操。只见他双目咄咄逼人，便明白了其中的意思。他笑了笑，既不客套，也不推辞，拿出棋盘和棋子放到石桌子上。曹操一看就愣了，原来那老和尚的“帅”字棋子是钉在棋盘上的，曹操心中在想：“你老和尚身居偏僻山冈，不知天高地厚，竟如此狂妄自大，目中无人。这分明是向我示威：不管你如何拼打厮杀，我的‘帅’是纹丝不动的。哼！我就不信，今天非让你尝尝我的厉害不可！”

曹操落座，长老让曹操先走，曹操也不谦让。当头炮，马来跳，半个时辰不到，杀得长老车、马、炮全丢，败下阵来。曹操也不说话，盯着“帅”子只是仰头大笑。老和尚明白了，就拿剪刀把“帅”撬了下来。

曹操不费吹灰之力就胜了一局，劲头倍增，提议重新布好棋子再度开棋。那老和尚说声且慢，便又拿出一副棋牌，和刚才的一模一样，将“帅”钉在上面。曹操不屑一顾，只是冷笑。他也不等对方说开始便先行将炮飞了过去，然后上马出车，不一会儿工夫又把长老杀了个闷将，第二盘还是以长老撬“帅”而结束。

赢了第二局之后，曹操更加盛气凌人。老和尚若无其事，照样又换了棋盘。曹操觉得老和尚这样是故意的，十分好笑。但心中犯了嘀咕：难道老和尚要亮招吗？他干脆来了个狠的，一鼓作气，很快老和尚便招架不住，只得认输。长老不慌不忙又要撬“帅”。曹操不耐烦地站了起来，伸手拽住老和尚的胳膊，拉着他走到寺院门口，指着金匾说道：“什么‘无敌棋手’，徒有虚名，简直是自欺欺人！”长老诺诺连声，十分虔诚，双手合十放到胸前说：“啊，惭愧，惭愧！”于是让小僧把“无敌棋手”的金匾拿了下来，恭恭敬敬地送给了曹操。曹操执意推辞说：“记住，天外有天，人外有人，不要坐井观天，夜郎自大，目中无人，这金匾你还是收起来吧，免得让人耻笑！”

曹操连胜三局，精神格外振奋，第二天在出征仪式上发表了慷慨激昂的讲话，大大鼓舞了士气。将士们雄赳赳气昂昂地跟随曹操出征，以迅雷不及掩耳之势拿下乌桓。平定北方后，曹操凯旋，十分高兴。

一天闲暇之际，曹操又带儿子到西山散心，突然想起龙泉寺下棋之事，便乘兴一路走去。可是来到寺前一看，“无敌棋手”的金匾在阳光下熠熠耀眼。不仅用油漆进行了刷新，而且做了一个高高的底座，格外引人注目。

曹操不看则已，一看气得七窍生烟，无名之火腾地从心中升起，说：

“大胆和尚，简直不识抬举，不顾羞耻，上次连输三局，已将金匾取下，如今为何又悬挂出来？这种欺世盗名之辈得好好教训一下才对！”于是带着两位公子怒气冲冲地走到寺内兴师问罪。

老和尚一直在等待这一天，见曹操父子三人到来十分高兴，迎了上来。看着三位盛气凌人，一脸寒冰，便心中有数。老和尚坦然自若，热情地把他们领进方丈室，亲自倒上茶水，主动说：“恭喜将军北征归来，大获全胜，空前成功，今日我陪将军再杀三盘，以表心意如何？”

曹操一看老和尚忒不知趣，不仅面无惭愧之色，而且还主动挑战，岂不是自寻出乖露丑。转念又想：“要好好教育他，让他心服口服才是。”于是傲气十足地说：“和尚，你要再输了怎么办？”老和尚应声答道：“如果再输三盘，那我就亲自在你面前把金匾劈了！”

曹操见老和尚信誓旦旦，言语铮铮，心想：“这老家伙口气不小，看看一会儿败了脸往哪儿搁！”他正想着，老和尚已经把棋盘拿来，仍然是将“帅”钉牢，棋子摆齐。曹操看了儿子一眼，曹丕心领神会，马上说道：“父亲，‘杀鸡焉用宰牛刀’，让孩儿杀他三盘！”

曹丕在下棋上可以说青出于蓝而胜于蓝，要胜曹操一筹。见曹丕这样说，曹操便欣然点头同意。曹丕也不客气，坐在老和尚对面，一副必胜之态。老和尚没有抬头，只是用手指了一下棋盘，礼貌地说：“小将军，请你先走。”曹丕一副不可一世的样子，上来就架炮出车，口中振振有词：“三步不出车，毕竟武艺低。”随着话语，脸上洋溢着满不在乎的得意之色。只见他双车过河，想一下子把对方置于死地。可是没走几步，棋局大变，处处露出破绽。曹丕招架不住，被老和尚将死。

曹丕年轻气盛，并不在意，故作轻松地说：“先让你一盘，不要得意！”曹操也认为儿子棋术肯定比老和尚高明，刚才是急于求胜才导致失败，下面两局战胜老和尚还是有把握的。正想着，棋盘已重新摆好，谁知曹丕还未走九步，便已告输。那种走法，曹操见所未见，心中便有点吃惊。曹丕见到和尚棋术变幻莫测，不知怎样应对，便有点胆怯，心想：“无论如何第三盘不能再输了，否则在父亲面前太丢面子了！”曹操见曹丕有些踌躇，于是就叫曹植出手。他知道曹植聪明过人，悟性极好，一定会识破老和尚玄机的。曹植刚才已看过两局，见到和尚果然出手不凡，虽然自己在哥哥面前经常取胜，但绝不是这位老和尚的对手，心中便有点虚。但是父亲已经点名，自己无论如何是不能推辞的。于是便坐了下来，小心翼翼地和老和尚对弈。

曹植稳扎稳打，步步为营，以守为攻，处处提防。但是仍然抵不住对方声东击西，调虎离山，最后还是败了下来。

曹操见自己的俩儿子都败在老和尚手下，脸上一副无可奈何的模样，心中犯了嘀咕。他知道自己的棋艺不如两个儿子，更不用说长老了，转念又想：“胜败乃兵家常事，幸亏自己没有出面，替两个儿子认个输也算有点面子。”刚要出口，老和尚又拿起了新的棋牌，笑眯眯地说：“来，咱再来一盘。”曹操见上面对方一侧的军马炮都钉在上面，可以多胜少，便来了信心，亲自坐了下来。曹操也笑着说：“我来和长老比试三盘。”可是出乎意料，三番着数，次次不同。神出鬼没，变化多端，曹操被杀得大败。最后一局输得全线崩溃，整个棋盘上，没了自己的一兵一卒，被吃得干干净净，只剩下一个“帅”龟缩在大营之中，一旁的曹丕、曹植都看呆了。

父子三人这时才从内心真正佩服这位和尚。曹操拱手施礼道：“长老身怀绝技，藏而不露，实在佩服，‘无敌棋手’，名副其实。可有一事不明，还要请教，上次我在此和长老对弈，为何你要故意输呢？”

老和尚爽朗大笑，说：“上次丞相将要出征，如箭在弦上，弯弓将发，这时最需要的是要有一种良好的精神状态啊！我俩下棋好比两军对垒，我若胜了，丞相心情肯定不好。丞相您将会扫兴出征，这样不是我希望看到的啊！这次丞相出游，意在消遣娱乐，老衲当然就没必要再认输了！”

这时曹丕在旁又满脸疑惑地问：“既然下棋，求个公平，长老为什么还要让三个棋子给父王，又要杀败父王呢？”

老和尚一听意味深长地说："下棋就好比打仗，棋道无边，战术无穷啊！我之所以要让出三子，就是想要说明天外有天，人外有人的道理，请多多海涵。"

曹操心中一惊，回想起自己刚才盛气凌人，惭愧之情，油然而生，再次向这位老和尚施礼道歉。他诚恳地说道："请原谅我们的冒昧唐突，长老乃我师也!"

这位和尚当即取下"无敌棋手"金匾，说："自从上次摘掉这块金匾，我已经收藏多时。这些天老衲听说丞相班师而回，便把这个匾挂出来，算到你们一定要来，想再对弈一番，今天既已交手，这金匾也已经没用了。"说着拿起身边的斧子，就要把金匾劈掉。曹操急忙上前阻拦，说："长老'无敌棋手'名不虚传，劈它何意?"老和尚深情地说："骄兵必败啊!"

曹操为之一震，虔诚地说："今天，长老不仅让我们父子三人在棋术上大开眼界，而且在用兵打仗上也大长见识。如不吝惜，请长老将此匾赠送给我，我一定为这里重修殿宇，经常来拜访长老。"和尚一听，欣然答应。

从此曹操便把这块"无敌棋手"金匾珍藏起来，作为自己行为处世的警钟。

曹操高陵的故事

曹操在《遗令》中写道："葬于邺之西岗上，与西门豹祠相近。"这位叱咤风云的枭雄将墓地定于此处，是经过再三考虑的。

曹操在风水相术方面很有研究，到了晚年对寿陵地址十分关心。一次，他以出游为名，带领贾诩、司马懿、华歆[1]同行，儿子曹植随同前往。

一路上大家谈笑风生，你说他对，不知不觉来到了卧龙岗北。在一片荫翳蔽日的树下，曹操安排的人早已在此等候多时。只见一张八仙桌上摆上了水果香茶，大家下马入座，尽兴地聊了起来。

曹植为了讨得父王的欢心，很快引出了风水话题。他说："父王，你听说过在邺城这一带有'双龙饮水，一龙升天'之说吗?"曹植的话音刚落，大家都向他投来了惊异的目光，曹操兴趣盎然，笑眯眯地问："什么叫'双龙饮水，一龙升天'呢?"

曹植故作深沉地说："你看在邺城西南有南北两岭，南叫凤凰岭，北名卧龙岗。两道岭蜿蜒西去，直至太行，正如两条龙一般。中间的洹河像条云带横贯东西，这可称为'双龙饮水'。说起'一龙升天'，不可不知地理的五绝诀。"

曹植说得有板有眼，神乎其神，曹操抿嘴含笑，环视众人，见大家一脸疑惑，便对曹植说："别卖关子了，尽管道来。"

曹植得意地说道："五诀就是龙、穴、砂、水、向，也就是根据侧重方式不同，称为觅龙、点穴、察砂、观水、择向。觅龙就是找龙脉，找到龙脉，作为基地的人就可以当皇帝。道家看风水，有悬空造化的概念，将山、光、气、方经、气流等因素融为一体，其中尤以气为重。"

"什么是气啊?"曹操眉头紧蹙，应声追问道。曹植得意地说："父王这句话问到要害之处了，要知道风水宝地，就是要会望气，这是儒家的精髓。山抱水则有气，气通风则蔽。风为送气之媒，水为界气之标。你想这太行山群山环抱漳河，流到这里当然是非常好的地方了。"

"你说的'双龙饮水，一龙升天'是说太行山就是龙脉吧?"

曹植煞有介事地说："要说找龙脉就不得不说华夏的三条龙，道家以华夏的大河来划分龙脉，长江为南龙，黄河为中龙，漳河为北龙。三龙的祖脉是西域边陲的昆仑山，昆仑山蜿蜒向西分为三支，第一支自昆仑山从阴山、祁连山到并州，经太行山、燕山再到大海称为北龙；第二支从昆仑山到岷山，循岷江到关中，直到武夷山向东直抵大海称为中龙；第三支由昆仑山吐鲁番沿丽江而下，经云贵到横断山向东，由武夷到湘江，东经黄山、天目山到苍括山往东流入大海为南龙。三龙中北龙山势巍峨壮观，核心之地就是太行山。”

“子建才高八斗，学富五车，博览群书，见多识广，足见丞相教子有方啊！”曹植话音刚落，贾诩应声赞道。司马懿、华歆连忙点头附和。

曹操担心曹植越说越多，影响了大家的情绪，便委婉地制止了曹植的话，说：“子建这是道听途说，信口开河罢了，不足为信。今天我把大家请来是想商量一下我百年之后的寿陵问题。人总是要死的，对于后事还是及早准备为好啊！”

这三人都是曹操的左膀右臂，备受信赖。见曹操说出这个常人忌讳的话题，开始未免紧张。现在看到曹操神情自若，开诚布公，便放松下来。

司马懿率先发言：“丞相，洛阳东有虎牢关，西有函谷关，南有洛河、颍河，北有邙山和黄河。自古就有‘山河拱畿，形胜甲于天下’的美誉，每至牡丹花开时节，花香四溢，有‘花都’之称，把这里作为墓陵如何?”

曹植心直口快，说道：“不可！那里经董卓焚烧宫室之后，满城已是残垣断壁，到处都是衰败景象，把父王的墓陵定在那里显然不合适！”

曹操没有搭腔，其实他早想在那里建一个自己的宫殿，可供他路过有个休息的地方。他连殿名都想好了，叫“建始殿”。不料他后来做了一个梦，当他派人去砍建始殿需要的木材时，有棵大梨树怎么也砍不断。他举剑上前砍树身，不料血流如注，溅了他满身血。惊醒之后几天心神不宁，从此他从心眼儿里厌恶这座城。更何况这里是汉朝历代王室之地，他已发誓不称帝，把这里定为寿陵，徒留“不臣之名”，他是绝对不会这样做的。

一向善于察言观色的华歆看着曹操表情，便知曹操心意，于是提出自己的意见：“许都地处中州腹地，地理形势十分重要。它西控汝河、洛河，东到长江、淮河，沃野坦荡，物阜民丰。当年大禹把皋陶后人分封在这里，后来大禹的儿子启建立了历史上第一个王朝国家，便把许地作为夏王朝活动的中心区域。史书上说‘大飨诸侯于钧台’，这个钧台就在许都附近的云峰山东麓。况且这里是丞相兴业之地，可谓占天时、地利、人和，把这里定为寿陵如何?”

这次华歆没有琢磨透曹操的心思。曹操一生怀有统一天下的雄心壮志，让他登基称帝，不是没有这样的基础，也不是没有这样的能力，更不是他不想称帝，而是因为孙、刘尚在，国内不宁。他不想引火烧身，更不愿徒背一个对汉不忠的恶名。所以任凭众官多次建议，他都直言拒绝。有句话最能表达他的心声，“如果上天真有此意，我也只愿做周文王”，可见他本人虽然不称帝，但要为子孙奠定基础。而帝王向来葬于京都，但天子现在许都，自己怎么能葬在此处，永远称臣呢?

于是曹操听过华歆的话，长吁一口气说：“可惜这里现在是天子所在之地，我能在这里建寿陵吗?”

听过此言，工于心计的贾诩接上了话茬儿：“对！不妥。丞相所言极是！古人有衣锦还乡之说，常言道，叶落归根，依我之见，不如把谯地作为寿陵最好!”

曹操笑了，笑得那样开朗。大家看他笑得那样开心，以为他乐于此意，便都随声附和，说在这里做墓地的诸多好处。

然而曹操笑过之后，却郑重其事地说：“这都是俗人之见。青山处处埋忠骨，何必抬棺回家乡。安阳即安居太阳永驻的地方，我看还是把墓地定在邺城西部为好。”

曹操一锤定音，大家的议论戛然而止，一齐把目光投向了他。接着，曹操胸有成竹地说了自己的想法：“这里背靠寿安山，濒临漳河，盘庚迁殷在这儿建都。秦朝大将王龄经营此地时定名为安阳，足见这里形之胜，地之灵，气之润，运之好啊!”

曹操话语出口，司马懿、华歆、贾诩自然点头称是。听了曹操的一番话，他们只有称赞的份儿了：“丞相高见，吾等遥不可及!”如此诺诺铃声，好话相答。

曹操突出肺腑之言，精神也振作起来，动情地说：“你们看，这里西依太行山，北有漳河，南有洹河，是个山清水秀的人间胜地。我百年之后，头枕太行山，脚踏邺城头，双手摸着漳河和洹河。在这秀美的山川之中长眠，该是多么幸福的事啊！”

说完之后，他从身上掏出他早已撰写好的一道《遗令》，递给贾诩，让他宣读，贾诩接过，朗声读道：

古人选墓地，一定要选择贫瘠之地，现在我决定将西门豹祠以西高地划为寿陵，就按原来高度，不再培土加高，也不竖墓碑。《周易》规定由家人掌握国家墓地，诸侯墓位于帝王陵墓左右偏前地带。卿大夫的墓，在汉朝的制度里，也就为陪陵。大凡公卿和将领中的有功人士，都应陪葬寿陵。要扩大墓地范围，让它足以容纳众多的陪葬墓。

贾诩念过，大家纷纷赞同。不知不觉红日将落，晚霞满天，曹操一行踏上归路，回到了邺城。

注释

[1]华歆（157—232），字子鱼，汉族。平原郡高唐县（今山东省高唐县）人。汉末至三国曹魏初年名士、重臣。

华歆早年拜太尉陈球为师，与卢植、郑玄、管宁等为同门，又与管宁、邴原共称一龙，华歆为龙头。汉灵帝时华歆被举为孝廉，任郎中，因病去官。又被大将军何进征召为尚书郎。后任豫章太守，甚得民心。孙策率军南下，华歆举郡投降，被奉为上宾。官渡之战时，被征为议郎、参司空军事。入为尚书、侍中，又代荀彧为尚书令。曹操讨孙权时，以华歆为军师，后为魏王国御史大夫。曹丕即王位，拜华歆相国，封安乐乡侯。曹魏建立后，改称司徒。魏明帝即位，升任太尉，晋封博平侯。太和五年十二月（232），华歆去世，年七十六岁，谥号“敬”。

亮马岗的故事

建安九年（204）春，曹操为扫除邺城周边袁绍军队，使邺城变为一座孤城，亲率大军战毛城尹揩，克邯郸沮鸿，降易阳韩范，收涉县梁岐，势如破竹，所向披靡。

曹操大获全胜，便率兵回渡漳河凯旋。当时春雨潇潇，终日不止，将士盔甲马鞍被淋得湿透。回到营地，天气放晴，艳阳普照，惠风和畅。曹操在中军帐居高临下，远望东方是一片开阔岭坡，抚髯大笑。开心地说："这是老天给咱们准备好的晾马晒鞍之地呀！"于是下令让三军将士在此地晾马晒鞍，休整待命。一时整个岭坡上战马云集，人如潮涌，一望无际，蔚为大观。这一带十里八乡的人们从未见过如此之多的奔马，纷纷前来观看。那阵势如同市井集会一般。后来，当地人便把这里的岭坡叫作晾马岗。现在河南省安阳市殷都区洪河屯乡境内的亮马岗就是由此而得名的。

曹马村的故事

在河南省安阳县崔家桥乡境内有一个曹马村，千百年来，曹操赠马的故事在老百姓中代代相传。

建安十六年（211）春天，曹操南征荆州后，回到邺城。曹操为了解民情民意，和谋士荀攸轻车简从，到漳河南边的一个村庄微服私访。

两人一路谈笑，不知不觉进入了这个村庄。他俩下车后，佯装路客讨水解渴，走进了一个普通的农家。一个年轻小伙子一听忙给他俩倒茶，曹操上前施礼，连声称谢，说："不用麻烦，我们只喝碗凉水就行了。"

曹操喝了茶，放了碗，连声道谢。只见那小伙子说："谢什么呀，先生太客气了。曹丞相整治风俗，提倡礼仪，您这么大岁数，后生给砌碗茶还不应该吗?”

“看来你父亲教子有方啊，有你这样好的孩子，你父亲一定很高兴。”曹操感叹地说。

两人乘车又到一所私塾门前。进门一看，里面有三十几个学生，一位须发斑白的先生正在讲学。见二位进来便停住讲课，迎上前来。曹操正要开口询问，那位先生却睁大眼睛说：“哎，你莫非是曹丞相吧?”原来前些天铜雀台举行盛大的奠基盛典，老先生在现场见过曹操讲话，所以一眼便认了出来。荀攸看隐瞒不住，便急忙上前介绍：“丞相对邺城发展教育十分重视，今天特意来看望大家了!”这位先生一听自己没有猜错，马上跪倒，感谢曹操。曹操急忙上前搀起，和颜悦色地说：“这个使不得，使不得!”老先生站起来说道：“明公不愧天下英雄，在戎马倥偬间还想着百姓，着眼长远，广建学校，大兴教育，真是功高无比呀，不知我们老百姓应该怎样感谢丞相啊!”

曹操握着老先生的手，温和地说道：“老大哥，我怎么能享受你这样的大礼呢？我应该感谢你呀，你把知识传授给少年娃娃，使他们学到了知识，学到了本领，将来能够成为多方面人才，你才是一位真正的功臣呢!”

曹操到来的消息迅速传遍了全村，父老乡亲不约而同地涌到了私塾门口，争相一睹曹操的风采。亭长闻讯赶来，拨开人群，走到曹操跟前，再拜施礼，说：“丞相日理万机，公务繁忙，能够挤出时间亲临吾乡，这是对我们莫大的鼓舞啊！几年时间，我们村变化之大，令人欢欣鼓舞，这都是丞相英明领导的结果啊，尤其是家家户户有了曹丞相的赠马，百姓无不感恩戴德，我们一辈子也忘不了!”

其实赠马之举来自一个偶然的决定。这里是曹军的养马基地，曹操北征归来，长子曹丕领着他来到这里的养马场，见战马匹匹膘肥体壮，十分高兴。但最高兴的是在他北征乌桓期间，委托曹丕负责邺城管理，使军政各方面井然有序。曹操问道：“这里一年可提供多少战马？”曹丕答道：“大约两千匹，基本上能够把那些不能征战的老马都替换下来。”曹操马上问道：“那些老马是怎么处理的？”曹丕回答说：“全部宰杀烹煮犒劳将士。”曹操一听，立马说：“今后不要这样做了，老马虽然不能征战，但还能耕田拉车，杀了实在可惜，应该赠送给乡村的老百姓。”于是曹操赠马的消息不胫而走，老百姓奔走相告，由衷感激。

听到亭长说起赠马之事，赶来的百姓齐声叫好，欢呼声此起彼伏，荀攸在一旁看到这种场面，十分感动。他转身对曹操动情地说：“明公之举，真是深得民心哪！”因这个村是曹军的养马基地，后来人们便以“曹马”冠名该村，以表对曹操的感恩纪念之情。

招贤村的故事

建安十二年（207）十月，秋高气爽，金谷飘香，曹操平定乌桓班师凯旋邺城。大宴群将，论功行赏，众人无不扬眉吐气，满面笑容。在庆功宴上，曹操开诚布公，推心置腹地对众文武大臣说：“我连年征战，之所以能够取得胜利，是因为有众多足智多谋能文善武的人士帮助。今日乌桓平定，统一天下，任重道远。应遍访贤士，广辟门路，让他们投奔邺城，共图大业。”众人齐声拥护，无不赞成。

曹操一方面遍贴招贤榜，另一方面在漳河南岸筑招贤台。在台上建一高大屏风，上面招贤令赫然醒目。曹操派大将荀衍[1]负责登记招待，每位贤士曹操都要亲自登台拜见，一经录用，便封官授权，礼仪十分隆重。这一消息不胫而走，人们奔走相告，纷纷慕名前来。

一日荀衍报告说有三位高人前来，曹操十分高兴，驱车赶来。只见台下锣鼓喧天，笙瑟悦耳，围观者比肩继踵，人声鼎沸。曹操气宇轩昂，走到台中。主持人荀衍把三人请到台上，一一落座。当荀衍宣布开始后，全场立刻安静下来。

今天曹操第一个拜见的是崔琰，荀衍首先介绍了他的基本情况。崔琰，字季圭，清河郡东武城县（现今山东省诸城县）人，他从小喜欢击剑，崇尚武艺。到了二十六岁才开始发愤读书，一部《论语》背得滚瓜烂熟。二十九岁时到大家郑玄门下求学，文韬武略，深谙其道。名闻乡里，誉满中原。听到这里，曹操起身紧紧握住崔琰的手，深表欢迎。曹操笑着说："季圭能来，大孚我望，你能谈一下为啥投奔我吗?"崔琰长叹一声，开口说道："丞相，实不相瞒，我曾在袁绍部下做骑都校尉，可袁绍刚愎自用，我多次献计他都不听，尤其是在他进军官渡时，我劝他说天子在许昌，而百姓都希望能辅助顺纳天子的人。不如守在境内尽忠职守，以安定海内。可袁绍一意孤行，结果惨败。从此我便不问政事，归隐乡下。袁绍死后，袁尚、袁谭发生内讧，争权夺位，都拉我任职。我看到他们兄弟相残，心灰意冷，便托病不出，因此得罪了袁氏兄弟，被抓起来关进了监狱。幸亏阴夔、陈琳相救，才幸免于死。今见丞相有雄才大略，求贤若渴，使我看到了希望，所以想投奔麾下建功立业。"曹操听过，再三感谢，当场封他为别驾从事。

曹操拜见的第二位是牵招[2]。荀衍介绍后，曹操上前握手，笑颜以对。牵招自我介绍说："我是安平郡观津（今河北武邑县）人，当年是袁绍督军从事，兼任乌桓突骑。袁绍死后，跟随袁尚。丞相围攻邺城，袁尚派我到上党督运军粮。还没有回来，袁尚战败而逃。我又投奔高干，在并州时，我劝高干说：'并州左有衡山险要，右有大河屏障，内有五万精兵，北有彪悍的胡人。如果能把袁尚接来，两人同心合力，静观其变，再决定将来的行动，这样进可统一冀州，退可固守一方。'可高干自立为王，不仅不听我的话，反而怀疑我另有所图，就想杀我。我得到消息后便连夜脱身逃出，隐姓埋名。常言道，'良禽择木而栖，贤臣择主而事'，今见丞相力败群雄，民心归附，有安邦定国之志，故来投靠，恳请不弃。"

曹操听后，喜形于色，立刻封他为冀州从事。

第三个接受拜见的是田豫[3]，荀衍介绍道："田豫，字国让，渔阳郡雍奴（今河北武清县）人。当年投靠刘备，因母亲年事已高，体弱多病，便辞官归乡尽孝。他和涿郡太守鲜于辅关系很好。母亲过世后便出任涿郡长史。丞相征讨河北时，是他劝鲜于辅归服了丞相。"曹操闻言走上前去，握着田豫的手，深表感谢，说："国让先生已经有功于我了，今日能来和我共谋大业实乃幸事啊！"当即命他任丞相军师。

由于曹操任人唯贤，礼遇能人，使武将云集，谋士满座，声名远播，为平定北方、统一天下奠定了坚实基础。招贤台所在地的人们便把村名改为招贤村（在今河南省安阳市北关区柏庄镇境内），至今仍沿用其名。

注释

[1]荀衍，汉朝荀彧三弟。以监军校尉的身份守邺，负责都督河北军事。曹操远征袁尚的时候，高干秘密派兵偷袭邺城。荀衍发觉后，布下伏兵，出其不意，迅速出击，大获全胜，诛杀高干。因功勋卓著，被曹操封为列侯。

[2]牵招（？—231），字子经，安平观津（今河北武邑东）人。三国时期曹魏名将，初从袁绍，袁绍死后跟随袁尚，后因为高干加害而加入曹操，与田豫常年镇守边陲，而功绩次于田豫。

[3]田豫（171—252），字国让，渔阳雍奴（今天津市武清区东北）人。三国时期曹魏将领。初从刘备，因母亲年老回乡，后跟随公孙瓒，公孙瓒败亡，劝说鲜于辅加入曹操。曹操攻略河北时，田豫正式得到曹操任用，历任颍阴、郎陵令，弋阳太守等。后来田豫常年镇守曹魏北疆，从征代郡乌桓、斩骨进、破轲比能，多有功勋。也曾参与对孙吴的作战，在成山斩杀周贺，于新城击败孙权。官至太中大夫，封长乐亭侯。有一子田彭祖。

曹操年轻时惩治大贪官的故事

这是曹操年轻时候的故事，发生在他的故乡沛国谯县（今安徽亳州）。

有一年，县衙来了一位姓高的县令，为人阴险贪婪，十分凶残。刚上任不到一个月，便在家设“见面宴”，差人挨门逐户下请帖，并限制每户人家只能来一个人。

大家都明白，名为“见面宴”，实为“接风宴”。这明摆着是高县令在巧立名目，敲诈钱财。如果不去送礼，恐怕会遭到报复。所以大家忍气吞声，敢怒而不敢言。

那时，曹操才十九岁，正是“初生牛犊不怕虎”的年龄。他自幼疾恶如仇，行侠仗义，好打抱不平。当他听说这件事后，非常气愤，心想非给他点颜色看看不行。于是，他再三央求父亲让他代表全家前往赴宴。父亲不知他心思，便答应了他的请求。

这天上午，曹操只怀揣一文钱来到高府大院。进门一看，只见大堂里热闹非凡，前来送礼的络绎不绝。礼桌上堆满了金银财宝、绫罗绸缎，让记账的小吏应接不暇、手忙脚乱。

曹操来到上方挂有朝廷颁赐的“圣旨”二字的旌表匾额正堂，掏出一文钱递给记账单的小吏。小吏一看，凶神恶煞般地对曹操说：“滚，滚！叫花子，非让老爷打断你的狗腿不可！”正在迎接客人的高县令闻声赶了过来，背向旌表匾额，怒目相向。正准备发火，不想曹操手中的那枚铜钱恰巧落到他的脚下。这时，曹操清了清嗓子，指着高县令，面向大堂的乡亲们，大声朗诵了一首五言诗：“脚踩皇家钱，脸背圣旨牌。反目恨天子，官从何处来？”

曹操吟罢，脸色骤变，厉声对姓高的喝问道：“你身为县衙官吏，吃着国家俸禄，竟敢把皇家的钱踩在脚下，这是明目张胆地仇视当朝天子的行为。单凭这一点，就可以送你到府衙治罪!”高县令素来听说曹操不是善茬，也自知理亏，唯恐引起众怒，一时张口结舌，无言以对。在场的乡亲们见曹操说得在理，都拍手称快。

这时，县衙幕僚怕事情闹大，赶紧跑到跟前，拉着曹操的手，热情地说道：“小兄弟，请入席，来者都是客，一文钱礼也不少呀，千里送鹅毛，礼轻情意重嘛!”他一边说，一边向高县令使眼色。高县令见有台阶下，赶紧满脸堆笑地招呼客人上座。曹操见目的达到，也见好就收，转身对这位幕僚说：“刚才开了个玩笑，别往心里去。你说了，一文钱也是礼，今天大家都来个礼轻情意重，都送一文钱，送多了就退回。”幕僚经常在这一带活动，深知曹操不是省油的灯。为了息事宁人，便替高县令答应下来。

谯县的百姓听说一文钱就能吃县令的大席，都纷纷赶来享受大餐，一饱口福。由于人多席乱，有的穷人一文钱也没拿就美餐一顿。那高县令为了维护自己的面子，只好将错就错，违心应酬，自认倒霉。

高县令“偷鸡不成反蚀一把米”，从此贪财之心收敛了许多，再也不敢胡作非为了。

曹操和刘备煮酒论英雄的故事

曹操在白门楼斩杀吕布后，带着刘备、关羽、张飞三人回到许昌。刘备说自己是中山靖王之后、孝景皇帝阁下玄孙，献帝和刘备便论上了亲戚，并称刘备为皇叔。献帝此时感到自己有了依靠，便偷偷地给了董承衣带诏书，企图除掉曹操。而董承在暗地里联合了刘备等大臣密谋除掉曹操之事。曹操谋臣劝他早日干掉刘备，免得刘备日后坐大。曹操嘴上说：“刘备实在吾掌握之内，吾何惧哉?”实际上还是有所顾虑。为了考验刘备，曹操心生一计，便派人去请刘备。

其实，刘备也在防曹操谋害，他在后园种菜，亲自浇灌便是韬晦之计。关羽、张飞二人曾问他：“兄不留心天下大事，而学小人之事，为什么呢?”刘备说：“这不是二位贤弟能知道的。”这天，关羽、张飞不在，刘备正在后园浇菜，许褚、张辽带了数十个人到菜园里对刘备说：“丞相有命令，请你马上到府上。”刘备惊问：“有啥当紧事?”许褚快人快语，说：“俺不知道，只教我来请你。”

刘备只得随二人入府见曹操。一见面，曹操笑着说：“你在家做大事啊!”吓得刘备面如土色。曹操拉着刘备的手，走到后园，说：“玄德学习园艺不容易啊!”

刘备听了才放心，回答说：“没事消遣罢了。”

曹操说：“今天看见树枝上梅子青青，忽然想起去年去征讨张绣时，道上缺水，将士们都口渴。我心生一计，用鞭虚指说：‘前面有梅林。’军士听了这句话，嘴里都生出唾沫，才不渴。现在看见这梅子，觉得不可不赏。又当酒正煮熟，所以邀请刘使君来小亭一会儿。”

刘备心神方定。随至小亭，已经设好杯盘：盘里放置着青梅，一樽煮酒。二人对坐，开怀畅饮。

酒至半酣，忽然乌云滚滚，骤雨将至。曹操与刘备凭栏观看天气。曹操遥指天外的龙挂说：“使君知道龙的变化吗?”刘备说：“我才疏学浅，孤陋寡闻，愿听丞相高见。”

曹操也不推辞，爽快地说：“龙能大能小，能升能隐；大则兴云吐雾，小则隐介藏形；升则飞腾于宇宙之间，隐则潜伏于波涛之内。方今春深，龙乘时变化，就像人得志后而纵横四海。今天以龙比当世英雄。使君经常在外游历，一定知道当世英雄。请说说看。”

刘备说：“我见识浅薄，怎么认得出谁是英雄呢?”曹操说：“不要太谦虚啦。”刘备说：“备得到陛下的恩宠和庇护，得以在朝为官。天下的英雄，实在是没有见到过啊。”

曹操说：“既然没有见到过，那也听过他的名声吧？”刘备见推不过，便小心翼翼地说：“淮南的袁术，兵粮足备，能称为英雄吗？”曹操笑着说：“袁术谈不上英雄，他不过已经是坟墓里的枯骨，吾早晚都会抓住他的！”

刘备说：“河北的袁绍，连续四代做到三公职位，家门中有很多故吏；今虎踞冀州之地，部下足智多、能征惯战的人很多，该能称为英雄吧？”

曹操又笑，说：“袁绍这个人色厉胆薄，好计谋却没有决断，干大事却爱惜性命，看见小利却不顾性命，不是英雄。”刘备说：“有一个人，人称八俊，威镇九州，刘景升能称为英雄吗？”

曹操应声说：“刘表虚名无实，不是英雄。”刘备说：“血气方刚的江东领袖孙伯符是个英雄吗？”曹操说：“孙策借着父亲的威名，不是英雄。”

刘备接着说：“益州刘季玉，能称为英雄吗？”曹操说：“刘璋虽然是宗室（就是皇亲），却只能是守家产的狗而已，怎么能称作英雄呢？”刘备又说：“那张绣、张鲁、韩遂等人又怎么样？”

曹操鼓掌大笑说：“这些碌碌无为的人，何足挂齿！”刘备说：“除此之外，我实在是不知道了呀。”曹操倒了杯酒，一饮而尽，然后十分自信地说：“能叫作英雄的人，应该是胸怀大志，腹有良谋，有包藏宇宙之机，吞吐天地之志的人。”

刘备问：“那谁能被称为英雄？”曹操用手指指刘备，然后又指了指自己，说：“现今天下的英雄，只有你和我两人而已！”刘备听到这句话，吃了一惊，手里拿的筷子和勺子都不禁掉在地上。

这时正好大雨倾盆而下，雷声大作。刘备才从容地低头拿起筷子和勺子说：“因为打雷被吓到了，才会这样（指筷子和勺子掉在地上）。”曹操笑着说：“大丈夫还怕打雷吗？”

刘备说：“圣人听到刮风打雷也会变脸色，何况我，怎么能不怕呢？”这样，刘备才将听到刚才的话掉了筷子和勺子的缘故轻轻地掩饰了过去。

但是，刘备走后，曹操还是从中发现了破绽，从此以后，对刘备严加关注，处处提防。

曹操和儿子切磋诗艺的故事

儿子是曹操的希望和未来，他总是身体力行地教育他们，经常挤出时间把儿子们召集到一起，和他们一起谈论诗道。

一次曹操难得有空，便像往常一样把曹丕、曹植、曹冲三个儿子召来，坐到后院的亭子下谈起诗来。

曹操自然是主角，一阵寒暄过后便开言定调："今天我想看一下你们近来有什么长进，你们不要拘束，尽管畅所欲言。"

曹植十分乖巧，父亲的话音刚落，便率先说道："父亲写的诗，孩儿受益匪浅。特别是父亲的那首《蒿里行》非常感人，给我的印象太深刻了。"

"哦，我都记不全了呢，植儿能背下来吗?"曹操笑眯眯地望着曹植问道。

"遵命。"曹植站起来，眉毛一扬，深情地朗诵道：

关东有义士，兴兵讨群凶。初期会盟津，乃心在咸阳。
军合力不齐，踌躇而雁行。势利使人争，嗣还自相戕。
淮南帝称号，刻玺于北方。铠甲生虮虱，万姓以死亡。
白骨露于野，千里无鸡鸣。生民百遗一，念之断人肠。

曹操见曹植记性如此好，有意看一下他的理解能力，便说："子建说受益匪浅，能说一下你对这首诗的体会吗?"

曹植知道父亲想考自己，应声而说："诗歌为时而作，是社会现实的浓缩，是作者真情实感的流露。父亲就是重点写了当年关东各路将领在征讨董卓时，各自拥兵自重，争权夺利，互相残杀的新的分裂局面，给老百姓带来的沉重灾难，表达了父亲深沉的忧国忧民之情。”

曹操陷入了沉思，沉浸在那遥远的回忆中。曹植喝了一口酒，接着说道：“诗分起、承、转、合，这首诗的前四句是起句，开门见山，直扑主题。写诸侯起兵讨伐董卓，以勤王灭贼号召天下。中间六句承上展开，是诗的主题，写诸侯为了争夺权势而互相厮杀。六句层层递进，‘军合力不齐’两句，写结义兵之初已显露出危机。‘军合’这只是表合实不合，已预示出分裂的危险。‘踌躇’形象地写出了诸侯畏敌如虎、拥兵自保的心理。‘雁行’已预示着分道扬镳在所难免。‘势力使人争，嗣还自相戕’两句，则进一步写出他们之间终于为了争权夺利而很快互相杀伐起来。‘淮南帝称号，刻玺于北方’两句则举出了其中最典型的例子，很有说服力。当年袁绍、袁术兄弟两个竟然成了死对头，袁术要称帝，大骂袁绍为家奴。袁绍更加阴险，想借用刘虞为帝而号令天下。这么复杂的史诗父亲高度概括，使人如见其人，真是笔法超群。接着笔锋一转，写战争带来的灾难，‘铠甲生虮虱’是写战乱时间之长，士兵连年作战，人不解甲，日子长了便生出了虱子，其中艰苦可想而知。‘万姓以死亡’描写在战争中庶民百姓惨死的不计其数，可见战争给人民带来了深重灾难。‘白骨露于野，千里无鸡鸣’，更将这种灾难具体化、形象化，那惨不忍睹的情景跃然纸上，使人如身临其境。最后两句合拢全诗，卒章点题，表达了父亲的心境，十分生动，充分地抒发了父亲的深沉感慨，确实是令人荡气回肠，泪湿青衫啊！父亲经常教育孩儿说‘诗贵在情’，这首诗确实如此呀，不愧为孩儿学习的榜样。”

曹植才思敏捷，切中题意，分析透彻，抓住了重点，使曹操不停地点头。尤其是他超乎寻常的记忆力使曹操由衷高兴。曹操听过之后笑眯眯地说：“子建悟性很好，无论写诗还是读诗，都要突出一个‘情’字，只有这样才能写得实，读得真，达到写出意境、读出精髓的目的。”他转身对曹丕说：“子桓，今天咱父子在一起，没有外人，你先来一首如何？”曹丕答道：

“父亲功底深厚，孩儿远不能比，今天还是听您的吧，让孩儿好好学习学习。”曹操以师长的口吻说：“我今天就是要看一看子桓学习得怎么样，你就不要再推辞了！”曹丕虽然嘴上这么说，但心中在寻思着吟什么好。见父亲这么说，便上前给曹操斟了一杯酒，恭恭敬敬地递在父亲手上。等曹操喝过，他沉思一下，便说：“既然父亲让我先来，我就吟一首四言诗吧，请父亲指点。”于是徐徐道出。

上山采薇，薄暮苦饥。溪谷多风，霜露沾衣。
野雉群雊，猿猴相追。还望故乡，郁何垒垒。
高山有崖，林木有枝。忧来无方，人莫之知。
人生如寄，多忧何为。今我不乐，岁月其驰。
汤汤川流，中有行舟。随波转薄，有似客游。
策我良马，被我轻裘。载驰载驱，聊以忘忧。

曹操听后，点头赞道：“子桓这首表达游子怀念家人的诗不错嘛，全诗结构严谨，比喻恰当，抒情寓于比喻之中，使诗更富有形象性，增添了感染力。值得表扬的是，子桓引用古书成语能够创新。像‘载驰载驱’是《诗经·载驰》上的现成句子，‘林木有枝’的‘枝’和‘人莫之知’的‘知’意义双关，由古人《越人歌》‘山中木兮木有枝，心悦君兮君不知’点画而来，且赋予了新意。这是活学活用，学为我用。信手拈来，值得肯定。”

曹丕得到了父亲的表扬，心中甜蜜蜜的，便说道：“父亲这么大年龄了，记性还这么好，真让孩儿佩服。”曹操说：“人应该活到老，学到老。不瞒孩儿说，我每天行军打仗都还装着书呢。抽时间就翻上几页，读上几篇。”接着转身对曹植说：“子建，轮到你了，你来一首什么呢？”

“请父亲点题！”曹植望着曹操，调皮地说。曹丕说：“父亲，你别听老三胡吹了，他早有准备了。”曹植可不服气，努一下嘴，说：“找父亲学习还用准备吗？父亲爱让我怎么写就怎么写，随便。”曹操见状，便说：“诗贵在选题，需要有感而发，切忌无病呻吟，矫揉造作。这次你和我一道北征乌桓，就以此为题谈一下你的志向，好吗?”曹植眉头一皱，双眸闪亮，沉吟片刻，信口道来。

白马饰金羁，连翩西北驰。借问谁家子，幽并游侠儿。
少小去乡邑，扬声沙漠垂。宿昔秉良弓，楛矢何参差。
控弦破左的，右发摧月支。仰手接飞猱，俯身散马蹄。
狡捷过猴猿，勇剽若豹螭。边城多警急，虏骑数迁移。
羽檄从北来，厉马登高堤。长驱蹈匈奴，左顾凌鲜卑。
弃身锋刃端，性命安可怀？父母且不顾，何言子与妻！
名编壮士籍，不得中顾私。捐躯赴国难，视死忽如归！

曹植第一次跟父亲参加征战，得到父亲许多军事知识的传授。可以说是曹操喜爱的“白马少年”。当时的情景确实激发了他建功立业的强烈愿望。他在诗中塑造了轻生重义，奔赴沙场的青年形象，正是他的自我写照，真情实意、满腔豪情尽在其中。

曹操听着，不时地捻着自己的胡须，显然是被曹植的诗感染了。曹植朗诵完以后，曹操还沉浸在诗所描写的意境之中，眉宇间洋溢着虎虎英雄豪气。曹操举起酒杯，一口饮下，对这首诗赞赏道:“人贵直，文贵曲，诗重形象思维，直说便苍白无力，索然无味。这首诗借一个武艺高强、奔赴国难、视死如归的游侠形象，表达出了自己建功立业的壮志豪情，确实别开生面，独具特色，不同凡响，富有感染力。”曹操顿了顿，接着说道，“子建的这首诗，起笔不俗，先声夺人。先截取了最能表现人物英雄性格的场面，突出了个性，把这位游侠少年叱咤风云的飒爽英姿展现在人们面前。‘白马饰金羁连翩西北驰’，色彩鲜明，‘饰’‘驰’动感突出，‘连翩’逼真形象，用词准确，言简意丰。接着轻轻几笔便从侧面写出这位游侠儿成长的典型环境。然后表现出游侠儿是如何练就一身过硬本领的，真是冰冻三尺，非一日之寒。历经了千辛万苦，经受了长期磨炼。同时写出他一往无前，势不可当的英勇气概，给人们留下深刻印象。最后画龙点睛，把最优雅的形象推向极致。‘捐躯赴国难，视死忽如归’，这是全诗最有力、最精彩、最动人的句子，也是全诗的精华所在。这说明了游侠少年之所以能够为国立功，不仅仅是武艺高强，更重要的是他有很高的思想境界，这才是在战斗中能够取得胜利的最重要的因素和最根本的原因啊！子建的这首诗大气磅礴，落地有声，不愧是诗中的上品之作。”

曹操最小的儿子曹冲时年十三岁，见父亲夸奖曹植便上前搂住哥哥的头说：“我长大也要当一个游侠儿。”曹植一把拉过弟弟，转身对曹操说：“父亲过奖了，比起你写的那首《龟虽寿》差远了。”他接着便忘情地吟诵起来。

神龟虽寿，犹有竟时；螣蛇乘雾，终为土灰。
老骥伏枥，志在千里；烈士暮年，壮心不已。
盈缩之期，不但在天；养怡之福，可得永年。
幸甚至哉！歌以咏志。

“我也要吟诗！”没等曹植诵完，曹冲便急切地说：“二位哥哥都作了诗，我也会作诗。”说着，他便把自己平时创作的诗朗诵出来。天下老的，最爱小的。曹操对曹冲宠爱有加，听过曹冲的朗诵笑不拢口，一把把他搂到了怀里。高兴地说：“冲儿的诗好，好！先别闹，还是听听你子建哥是怎么理解的吧。”

听过父亲的话，曹植爽快地答应了，饶有兴趣地说：“父亲这首诗名叫《龟虽寿》，全市共十四句。‘神龟虽寿，犹有竟时。螣蛇乘雾，终为土灰。’这四句连续打了两个比方，说明人和万物一样，终究难免一死，这是不可抗拒和改变的历史规律。‘老骥伏枥，志在千里；烈士暮年，壮心不已。’是父亲以老马来比喻自己，虽然体形衰老，屈居枥下，但胸中仍然激荡着驰骋千里的壮志豪情。父亲虽然年过五旬，但还有雄心壮志，宝刀不老，满怀统一天下的伟大事业，不达目的，誓不罢休。‘盈缩之期，不但在天；养怡之福，可得永年。’这四句是说人的生命也不是完全由自然摆布的，要在尊重客观规律的基础上，充分发挥自己的主观能动性。‘盈缩’在这里指人寿命的长短，‘养怡’指善保养。个人的寿命长短自然不能违背客观规律，但如果能够保养身心，愉快生活，也可以延年益寿。总之这首诗写出了父亲对人生和死的见解，表达了父亲胸怀宏图大志，勇往直前的坚定信念。”

父子三人你言我语，谈笑风生，不知不觉，日上中天。曹操见时已不早，便结束话题，和儿子们一同共进午餐去了。

曹操治理邺城的故事

建安十二年（207）正月，曹操北征乌桓回到邺城。他对邺城一往情深，从攻下邺城至今有三年，他无时无刻不在为把这里建成自己的都城而精心策划，百般努力。他决心把邺城作为自己的大本营，以此为中枢，实现自己统一天下的宏图大业。

曹操对于这里优越的地理位置十分满意。邺城附近有漳河、滏阳河、洹河，是齐鲁地区进入河北以及由中原地区进入幽燕之地的必经之地，可谓是河北的咽喉，战略位置十分重要。管仲当年辅佐齐桓公成就霸业的时候，就建议在这里筑城以卫国土。战国时期魏国的西门豹、史起先后在此筑城，修建水利工程，发展经济，使邺城很早就成为军事要地。到了东汉末年韩馥复治冀州时，曾把邺城定为首府，以此号令四方。袁绍夺取冀州之后，仍然把邺城作为基地，大兴土木，在这里修建宫殿苑囿，这为曹操进一步营建邺都奠定了基础。三年来，他一边继续征战，一边征调荆州、冀州、青州等地的建筑材料，运往邺城，对这里进行了整体建设，重新修筑了城墙，规划了城内的街道，修建了一批行政办公区、高档居住区，对一方老百姓居住区也进行了规划调整。据《邺中话》《彰德府志》《历代宅系记》等史料记载，曹操主持大修的邺城，城池东西七里，南北五里。说来不算太大，但这不是因为资金不足，而是当时城市的规模有严格限制。洛阳号称“九七城”，即南北九里，东西七里，按照当时朝廷规定，邺城必须小于这个规模。

新修的邺城和三年前已大不相同，城墙环绕四周，十分坚固。无论洛阳还是许都，都难以与之匹敌。南面有永阳门、广阳门、凤阳门三门；东面有建春门；北面有广德门和厩门；西面有金明门。由于南北只有五里，在东城和西城只开了一座城门，在这两座城门之间是一条横穿东西的大街，将全城一分为二。北面为官署、贵族居住区和宫殿；南面是四大居住小区，分别是思忠里、永平里、吉阳里和长寿里，这是一般百姓居住的地方。

邺城的规划建设历来备受推崇。曹操作为这一规划的设计和决策者，十分注意吸收长安、洛阳、许都规划方面的长处，同时对他们的规划进行了改造，首次在城市规划中提出了中轴线的概念。他以中轴为界，合理地划分功能区，让宫殿官署更为集中，普通百姓的居住区面积更大，突出了整齐实用的特点。这些优势不仅在当时绝无仅有，而且对以后各代城市的规划建设产生了深远影响，至今被人们所追捧。

曹操花钱费事，集中力量重建邺城，绝对不是搞形象工程、政绩工程，心血来潮，急功近利，也不是钱多了花不完，闹着玩儿，他这样做是有深谋远虑的。从政治上讲，作为一人之下万人之上的丞相，曹操不打算再回许都了。他想把根扎在邺城，不说与汉献帝分庭抗礼，起码在事实上是另起炉灶，所以他不惜血本，大力投入，力求达到最高标准。

民以食为天。要想巩固自己的统治，必须首先解决军民赖以生存的粮食问题，否则一切都无从谈起。曹操占领邺城之后，把粮食生产当作重中之重，身体力行大力发展农业生产。

这一带自古以来就是粮食生产重地，历代十分重视水利建设。西门豹引漳入邺，修十二渠，泽被后世，代代受益。为了更好地发挥西门十二渠的灌溉效应，曹操又进行了大规模的修复建设。北魏郦道元《水经注》说："昔魏文侯以西门豹为邺令，引漳以灌邺，民赖其用。""魏武王又截漳水回流东注，号天井堰。做十二墱，令互相灌注，皆悬水门。又引漳自城西东入，经铜雀台下，伏流入城东注，谓长明沟也。"故魏武《登台赋》曰："引长明，灌街里，谓此渠也。"

曹操修复重建西门十二渠后，水利条件进一步改善。当地不仅种植水稻，还实行稻麦间作，粮食生产连年丰收。"上风吹之，五里飘香。"曹丕曾以这样的诗句描述当时的情景，当年五谷丰登的情景由此可见一斑。

由于农业发展，粮食充裕，经济发达，商品丰富，邺城成了达官贵人向往的居住地。那些非嫡系将领以及北匈奴、乌桓多数民族部落首领都主动把家眷送到邺城居住，一来向曹操表示忠心，二来也享受一下最现代、最时尚、最愉快、最幸福的生活，一时间邺城非常繁华热闹。现代人爱说："不到北京，不知道自己的官小；不到广东，不知道自己的钱少。"那时候天下的人都会说："不到邺城，不知道自己的官小钱也少。"

东汉末年，曹操刚出仕不久，便担任洛阳北部地区的"公安局局长"（洛阳北部尉），当时特权人物不把法律法规放在眼里，曹操看在眼里，恼在心里，以霹雳手段整治社会治安，大见成效，政绩卓然。在治理城市方面，曹操既不缺胆量，也不缺经验。他深知要想把邺城管理好，最有效的办法就是选一个合适的地方官。于是他下令有关部门和文武官员推荐物色一个合适的人选。

有关部门很快把人选报了上来，并说这是通过层层推荐、认真考核定下的结果。但同时报来了这个人的材料，指出了这个人的不足。这个人因违法犯罪被判过刑。这个人不是别人，正是杨沛。

所幸曹操知道这个人。杨沛，字孔渠，万年县（今陕西临潼）人，有两件事在曹操的脑海中留下了深刻印象。

一件事是杨沛当新郑县（今河南新郑）县令时，遇到大饥荒。这一年杨沛让老百姓多收集桑葚并晒成干，积攒起来以应对不时之需。最后除自己需用后，攒下一千多斛桑葚，收藏在库房中。那年曹操率军前往洛阳迎接天子，路过新郑县时，部队正在为吃的发愁。杨沛主动前去拜见，并献上一千多斛桑葚干，真是雪中送炭，解了燃眉之急。另一件事是曹操任命杨沛当长社县令，治理有方。曹洪有个亲戚当时在长社，仗着曹洪的关系，不遵纪守法。杨沛不管那一套，把他抓起来，先打顿板子，把脚都打骨折了。后来因罪行严重，民愤很大，便干脆下令杀了他。

曹操喜欢这种不畏权势、执法严峻的官吏，因为他年轻时就是这样做的。当他听说杨沛这件事情时，给予了充分肯定和高度评价。杨沛后来升为九江郡太守、东平国相、乐安郡太守，政绩显著。但是后来他与当地驻军大将因为一件事发生了激烈矛盾，以致发生格斗事件，被有关部门立案调查，结果被判处五年“有期徒刑”。

曹操看到有关部门推荐杨沛，心中满意，便说：“用人不能求全责备，要使有本事的人有机会实现自己的才能，实现自己的抱负。”于是下令任命杨沛为邺城县令。他特意召见了杨沛，问他用什么办法治理邺城，杨沛回答说：“一定全力遵守并宣扬法律，按法律办事。”曹操听了很高兴。曹操当时就对文武百官说：“看清楚了，咱们的杨县令可不是好惹的啊！”大家一听都笑了。曹操下令赏赐杨沛奴婢十人，绢一百匹。一来回报他当年献上桑葚干的功劳；二来对杨沛即将上任表示支持和鼓励，树立杨沛的威望。

听说杨沛要当邺城县令，曹洪、刘勋等人赶紧派人骑上快马给家人传信，要他们收敛自己的行为，千万别犯到杨沛手里。

曹洪，字子康，是曹操的堂弟。曹操当年起义军征讨董卓，到达荥阳，被董卓部将徐荣击败。曹操仓皇奔走，连自己的马都遗失了。贼兵追赶紧急，曹洪便翻身下马，把马送给曹操骑。曹操推辞不接受，曹洪说：“天下可以失去曹洪，却不能没有老哥！”河水太深，无法通过，曹洪就顺着河流找到一艘船，和曹操一块儿渡过汴水，脱离险境。扬州刺史陈温平素和曹洪交往很好，曹洪前往陈温处招募兵卒，得到庐江一带最好的披甲士兵两千多人，然后又东行到丹阳招募了几千人，和曹操在龙亢会合，大大壮大了曹操的力量。曹操为报父仇，讨伐徐州。当时张邈举兵在兖州叛乱，投靠吕布，和曹操作对。曹洪领命，便率兵在前，先占领了濮阳。接着攻打吕布，占据了东阿县城。然后转而攻打济阴、山阳以及中牟、阳武等十多个县城，均被打了下来。曹洪因功绩显著，被封为鹰扬校尉，后升为扬武中郎，可见和曹操关系非同一般。

刘勋和曹操在年轻时就相识，后来在袁术手下任职，袁术任命他为庐江太守。袁术死后，孙策攻打庐江郡，兵临城下，刘勋困守孤城，形势危急。他审时度势，决定追随明主，于是毅然带领人马投奔了老朋友曹操。曹操大喜，知道他文武兼备，能征惯战，便封他为侯，颇有权势。

曹洪、刘勋两个人与曹操有如此特殊的交情，听说杨沛当邺城县令后尚如此告诉家人，收敛自己的行为，可见杨沛名气之大，执法之严，威望之高，能力之强。曹操用人唯才是举，足以显示出他的独特眼光和宽广胸怀。

杨沛上任后，很快熟悉了邺城情况，进入了角色。他按照曹操的旨意，根据地方实际，在深入了解民情民意，广泛征求文武百官意见的基础上，制定了邺城法律法规和各种制度条约，使邺城上下有了统一的行为规范。同时，他对全城进行了管理区域调整划分，选贤任能，提拔了一批地方官员，明确分工，责任到人，使社会秩序井井有条，庶民百姓安居乐业，出现了一派政通人和、百废俱兴的崭新气象。

邺城的有效治理，使曹操没了后顾之忧。为了壮大政治、经济、军事实力，稳固自己的统治，曹操深谋远虑，以邺城为试点，大刀阔斧地在冀州进行了一系列的改革。

首先是赋税改革。两汉时期，赋税主要采用地税和人头税两种形式，地税是根据收获按比例征收，如三十税一、十五税一、十税一。人头税是按人口的多少和年龄的大小征收，七岁至十四岁的小孩儿每人每年缴纳二钱、三钱，其他按成人交纳，这种规定称为“算税”。此外东汉还有征收纤素的记载，曹操将地税改为按定额征收，将人头税改为按户征收，将收钱改为收手工产品。这是从当时的实际情况出发的，在一定程度上照顾了老百姓的利益。将地税改为按亩计算，是要让占地多的豪强尽纳税义务。曹操颁定的田租户缴纳的数额只是一个平均数，是交给地方官员统计户口征税的标准。在实际征收时还要按照贫富分等，按等收税，如何分等由地方官斟酌决定。人头税改户口征收则可以更加便于征调，汉末战乱以来，人口大，这样做相对来说稳定性大些。按户征收绢，计算起来更为方便。特别有利于收取整匹的绢、布，不至于因人丁零散而造成上交绢、布破碎不整。这样就可以更好地加以储存利用，不至于造成浪费。

将人头钱改为按户收取绢、棉。曹操在官渡之战期间，便在兖、豫两州实行这样的做法，也是充分考虑了当时的实际情况。当时中原一带家庭纺织业同农业是结合在一起的，几乎家家都有绢、棉等手工业产品。而且战争以来铸币业近乎废弃，民间特别是农民拥有的货币极为有限，一般都采用实物进行交易。如果用钱币上税，必然会给商贾提供乘机剥削农民的机会，加重农民负担。因此改成农民自己能够生产的实物，对农民来说是有好处的。曹操规定平均每户交绢两匹、棉二斤，明令除此之外不得随意额外多收。特别强调地主对田土资财不得隐瞒，将赋税转嫁到农民头上，这确实在一定程度上保护了农民利益。

恢复盐铁官营。这是曹操打击抑制豪强的重要举措之一，因为盐铁关系国计民生。汉武帝前因民间经营，全被地主豪强大姓垄断。他们从中牟取暴利，最大的盐铁财商累积财富可达万金。一些怀有政治割据阴谋的人也经常私自聚众煮盐冶铁，借此积蓄经济资本，壮大军事力量。以前桑弘羊被任命为理财官后，根据他的建议开始实行盐铁官营政策，办法是产盐区设置盐官，备置器械募人煮盐，产品由官家收购经销。在产铁区设置铁官，经营采矿冶铁和铸造业，并发卖兵器。这样做既增加了国库收入，也避免了豪强操纵市场，使物价出现暴涨暴跌的局面，一些有割据野心的人也大大受到了遏制。公元 89 年汉章帝死后，年仅十岁的和帝登基，窦太后临朝听政。为了取得豪强大族的政治支持，她听政伊始，即宣布“罢盐铁之禁，纵民煮铸”。从此以后，豪强大族又重新开始煮盐冶铁，牟取暴利，政治上的野心也随之加强。一些人还私造兵器，对后来的武装割据埋下了隐患。曹操熟悉历史，明白盐铁私营的弊端。因此他在时机成熟后，马上宣布恢复盐铁官营，这样既有力地抑制了豪强势力，避免了可能产生的动乱隐患，同时也大大增加了魏国的财政收入。

在人事安排上，曹操提拔了一批在战场上立下功勋的人做地方官。当时对曹操提拔军人任地方行政长官的做法不乏反对意见，议论纷纷。对此曹操反驳道：“有人认为，军人虽然立下功劳，但他们的德行不能够胜任郡国长官的职位，可是春秋时期齐桓公的名相管仲说过，‘给贤者与其功劳相等的俸禄，则士卒勇于战斗，视死如归’。国家如果能实行这样的政策，就能够天下大治。我从来没有听说过无能之辈、不斗之士能够得到俸禄。所以赏赐可以使国家兴荣，英明的君主不授官给无功之臣，不奖赏不斗之士。治平之世，崇尚务行。军人中常有功劳和能力强的人，反对这个意见的人简直就像管中窥豹，见识太狭窄了！”

产生抵触曹操这个方针的原因，是军人占据了文官的位置，在当时人的常识中是有失常理的新做法。曹操为发掘人才，清除军人和文官之间的隔阂，确实是大胆而又必要的举措。他不仅论功行赏，而且对无功的追究责任，予以处置。曹操在布告中说：“既然命令将领出征，那么只奖赏有功的人而不处罚有罪的人，这不是完善健全的国家法典。所以出征的将领中，战败的人要依法予以处罚，造成损失的人要免除官位和封爵。”

曹操十分注重发展教育，提高全民素质，强调提倡儒学，树立仁义礼让的社会风尚，从根本上扭转社会风气。

东汉时郡县设立学校，郡国称学，县邑称校。学校全部设置经师，经师遍称文学掾、文学史。曹操提倡修文学，在当时是很有积极意义的。汉末自董卓之乱以来，学校被毁，人才四散，曹操能够在戎马倥偬百废待兴的时候考虑到恢复和发展文化教育事业是非常可贵的。

曹操非常注重移风易俗。长期的战乱不仅使社会经济遭到严重破坏，也使正常的人际关系和社会风气发生扭曲，出现了结党营私、诽谤敲诈、挟嫌报复等种种社会现象。这些现象不仅影响了社会的安定，而且在曹操集团内部也产生了恶劣影响，削弱了内部团结。为了医治战争的创伤，推进社会风气的逐步好转，实现大乱后的人治，曹操在定都邺城后，将整顿社会风气，革除社会弊端，提到治理日程。曹操明令不准报私仇，禁止大操大办丧事，违者一律以法律制裁。对一些关系民生疾苦的旧俗，曹操也给予了充分关注。他发现这里有冬至后五日皆绝火寒食的风俗，当时曾下了一道《阴罚令》：

闻上党、太原、雁门等地冬至后五日皆绝火寒食，说是为了介子推。子胥沉江，吴人没有绝水之事。至于介子推独为寒食，难道不偏颇吗？且北方大都是寒冷地方，老人和小孩都很孱弱，吃寒食将会患病。令到，人不得寒食。如果违纪，家长半年刑，主管官百日刑，令长削夺一月俸禄。

由此可见，曹操非常关心民生，顺应民意，是尽心竭力为老百姓办实事、办好事、办善事的。

解决方术流行，消除社会隐患是曹操的一大英明睿智之举。在邺城，除了达官贵人、巨富豪商、文人达士外，还有一批人非常引人注目。他们在民间的知名度非常高，这些人就是方士，也就是掌握方术的人。所谓方术，是古代用自然的变异现象和阴阳五行之说来推测解释国家和个人的吉凶祸福、气数命运的医人、星相、遁甲等技术和方法，堪比神仙之术。

《三国志》里有《方技列传》，记录的术士有华佗、杜夔、朱建平、周宣、管辂五人。其中华佗是医学家，杜夔、朱建平擅长相术，周宣长于解梦，管辂对占卜十分精通。其实除了这五位之外，其他数不胜数，不可胜计。根据《后汉书·方术列传》和《博物志》记载，时人众多，都有绝活儿。冷寿光活了一百六十五岁，须发尽白而面色如三四十岁的人；鲁女生曾在嵩山采药，得到一女道士秘诀，练成长生术，不吃五谷杂粮，依然面如桃花，每天能行走百里；东郭延年从小好方术，喜欢服灵飞散，结果练成好眼神，夜里不点灯也能看书；赵圣卿擅长丹术符劾，能驱鬼降魔等，这里不再一一列举。

这些方士往往吹嘘得神乎其神，而人们都非常迷信地听从他们，因此是极不安全的社会因素。东汉末年的张角、张宝、张梁就是用太平道蛊惑人心。张角说："苍天已死，黄天当立，岁在甲子，天下大吉。"聚众造反，仅张角就组织了四五十万黄巾军，以致天下大乱。

这些教训曹操心知肚明，现在他定都邺城治理国家，必须站在统治者的角度考虑如何管理这个社会。他在长时间推敲斟酌这一最敏感问题，如果禁绝，可以保持社会稳定。但经验表明，完全禁绝是不可能的，往往是你越禁绝民间发展得越快。而采取容忍放纵的态度，又将加速其蔓延，最终会发展到不可遏制的地步。也就是说禁绝和容忍都存在利弊两个方面，曹操认为这是一个大问题，必须慎重对待，绝不能简单粗暴行事。经过反复权衡，最后他采取的政策出人意料。既不禁绝，也不放任，而是把这些方士请到邺城集中起来加以管理。

曹操把这些人弄到邺城来，并不是抓来的，也没有软禁或者判刑，而是请来的，都安排了工作，大都提任"军吏"及下级军官或者基层官吏。一些实用人才如杜夔、朱建平等，职务稍高一些。但也只是参谋之类的闲职，并没有实权，目的是把他们养起来，放在眼皮底下，便于掌握和控制。方士问题的圆满解决，大大消除了动荡隐患，促进了社会稳定，曹操的这一做法疏导有方，实在是高明之举。

曹操能够总揽全局，审时度势，果断决策，不断制定切实可行、行之有效的措施，反映出曹操从在邺城建立大本营开始，已从一位平定乱世的武将向建国治世的卓越政治家转变。

在曹操的治理下，邺城很快繁荣兴盛起来，民富国强，商贾云集，名闻天下，成了当时实际上的全国政治、经济、文化中心。

曹操铜雀台庆典大阅兵的故事

铜雀台落成之后，曹操为了振奋民心，鼓舞士气，特意在铜雀台举行了声势浩大的庆典大阅兵活动。

这是曹操精心安排的一件盛事，本来只有三项内容：一是陈琳致辞，二是曹操讲话，三是阅兵。而荀彧又特意加了两项：一是请曹仁、张辽登台接受赐封，二是进行现场比武射箭。曹操看过方案之后，拍着荀彧的肩膀说：“文若，你想得太周到了，就应该这样办!”

这一天，五更刚过，整个邺城便沸腾起来，到处是马嘶人喊之声，参加阅兵的各路将领早早集结在不同的地方进行最后的操练。曹仁亲自骑马巡视，查看各路人马的准备情况。陈琳又跑到铜雀台上检查会场布置有无不妥，唯恐出现闪失。

东方欲晓，晨曦初露，给整个邺城披上一层绯红。高大巍峨的铜雀台在霞光的辉映下更加金碧辉煌，雄伟壮观。是日天公作美，万里无云，蔚蓝如洗，万物染翠，惠风和煦。盛开的桃花、李花色彩艳丽，分外夺目，给这次盛典增添了浓厚的喜庆气氛。曹操带着文武百官兴高采烈地齐集铜雀台上，从四面八方赶来目睹这一空前盛况的人络绎不绝，川流不息，一派歌舞升平、官民同乐的崭新气象。

铜雀台是一座史无前例的巨大建筑，仅台阶就高达十丈。台上又建了五层高的楼阁，最高层距地面达二十七丈有余。汉代一尺约合 23.5 厘米，折算下来有 63 米高，相当于现在的二十层大楼。在 1800 年前，两三层楼高的建筑都不多见，二十层高绝对是令人震撼的高度。

楼的顶端一座孔雀雕塑有一丈五尺高，展翅欲飞，栩栩如生，活灵活现，成为这里的标志性建筑。

铜雀台不仅高耸入云，而且平面广阔。主楼既不是细高的大烟囱，也不是一个岗楼。每层建有二十多间殿宇，共计一百余间。

铜雀台建在邺城的西北角，台基本身成为城墙的一部分，自下向上仰视恍若天宫，居上向下俯瞰，那视觉效果更有冲击力，全城尽收眼底不说，西边的太行山，脚下的漳河水，以及附近数十里以内的村庄、道路都清晰可见。

铜雀台左边是一座玉龙台，右边是金凤台，建筑格外精美，檐牙高啄，流光溢彩，雕梁画栋，富丽堂皇。三台以桥相连，廊腰缦回，珠联璧合，相得益彰。

这的确是天才的创意，是建筑史上的大手笔，是曹操精心设计的结晶。当时公孙瓒的易京和董卓的郿坞都称史无前例的巨制，但在铜雀台面前，相形见绌，无法相比。

这一天曹操春风得意，踌躇满志，神采飞扬，容光焕发，格外引人注目。文武百官侍立台下，远近明僚前台列坐。整个会场装饰一新，台上张灯结彩，台下旌旗招展，人山人海，一派喜庆气氛。

荀彧健步登台，宣布铜雀台庆典开始。顿时鞭炮齐放，鼓乐喧天，琴瑟悦耳，舞女翩翩。陈琳登台致辞，他看着四面八方人声鼎沸，更来了劲头，放高嗓音大声念道："奉天承运，铜雀台城，千年盛世，莫过于今。凭丞相神威，荡平群寇，庶民安居乐业，山川欣欣向荣。盖世之功，天下闻名。今万民同欢，当永记丞相隆恩。"话音刚落，台下一片欢呼之声，经久不绝。

荀彧走上前台，朗声宣布："现在请曹子孝、张文远登台受赐领封。"曹操从座位上站起来，率先鼓掌欢迎，台下顿时响起了暴风雨般的欢呼声。曹仁、张辽是曹操的两员大将，今天专门安排这一场面，具有特殊的含义。

曹仁、张辽在一片鼓乐声中迈步走到台上。曹操亲自迎上前去为他们二人配挂绶带，扶他俩入座。然后曹操走上前台，发表了热情洋溢的讲话。他说："今天是大喜的日子。天降铜雀是我们邺城父老的福气，也是我们邺城繁荣昌盛、前程远大的标志。在我们大家的共同努力下，铜雀台终于竣工了！在此，我衷心地向为铜雀台建设付出辛勤劳动、做出重大贡献的全体将士、各位父老乡亲表示真诚的感谢！"

曹操声音洪亮，感情充沛。全场欢声雷动，掌声如潮。

曹操继续说道："大家认识子孝、文远吧？我今天特意把他俩请到台上，就是要表彰他俩立下的赫赫战功。在赤壁大战之后，子孝在夷陵大败周瑜。他在敌人的千军万马之中，如入无人之境，只杀得敌军心惊胆战，仓皇退兵。大灭了东吴气焰，大长了我军的威风。文远在合肥孤军奋战，击败了孙权。孙权的大将太史慈也一命呜呼，给孙权沉重一击，取得了重大胜利。两场战役令东吴对我军刮目相看，大大鼓舞了我军的士气，他俩的这种英勇壮举令人钦佩，令人赞扬，令人感叹，令人感动，值得大力表彰！"

全场欢声潮涌，喝彩阵阵，争着一睹英雄风采。不少人站了起来，向曹仁、张辽招手致意。曹操停了片刻，向会场挥了一下手，加重了说话的语气。

"失败算什么？失败能让我们学到很多东西，只要我们正视失败，知耻而后勇，敢于战斗，善于战斗，就一定能战胜敌人，取得成功，胜利永远属于我们，我们一定能统一天下！"

全场又响起了热烈的欢呼声，一种洋溢的激情弥漫了整个会场。

曹操接着说道："子孝、文远战功超群，贡献卓著。现在朝廷已批下奏章，加封子孝为安平亭侯、文远为关内侯，希望众将领都要以他俩为楷模，为统一天下建立功勋！”

曹操的讲话在人们心中掀起了巨大的波澜，喝彩声、欢呼声此起彼伏，如山呼海啸一般。

当荀彧宣布阅兵开始后，曹仁一声令下，众将纷纷归队。只见旌旗分明，铠甲闪亮，队伍整齐，阵容威武。接受检阅的将士依次排列，蜿蜒数十里望不到尽头。

第一队是骑兵队。曹仁全身披挂，走在队前。曹洪、曹真、曹丕、曹彰、曹休紧随其后。他们跃马扬鞭，威风凛凛。曹操凭栏望去，心中充满了自豪和喜悦，高兴地说：“上阵亲兄弟，打仗父子兵，我曹家军英勇善战，强将超群，后继有人，无往而不胜！”曹操爽朗大笑，频频挥手致意。

第二队是大刀军。张辽盔甲一新，精神抖擞，走在前面。夏侯渊、夏侯惇、夏侯尚、张郃跟随而行。那张辽走在台前，竟舞起刀来。上下翻飞，银光闪亮，令人眼花缭乱，曹操竖起大拇指连声高喊：“文远英勇！”附和之声，一浪高过一浪。

第三队是长矛军。徐晃在前，李典、乐进、许褚、高览依次前行，步履铿锵，喊声震天。曹操情不自禁鼓起掌来，全场叫好之声不绝于耳。

接着是步兵队、水兵队、战车队、兵器队、辎重队、粮车队。人人意气风发，个个精神饱满。参加阅兵的文武百官无不笑逐颜开，交口称颂。曹操感慨不已，壮怀激烈，喜不自禁地对左右说：“我有千里中原，百万雄兵。有这么多能征善战之将，足智多谋之士，还担心不能踏平江南，统一天下吗？”众人无不啧啧连声。

曹操阅兵之后，兴致盎然，说起话来，满面笑容。荀彧上前请示如何比武射箭，曹操把早已准备好的自己的心爱之物红色锦袍挂在远处的一柳树枝上，在下面竖立起一个箭垛，以百步为限。参赛武将分为两队，曹氏家族各佩红盔红甲，其余将士都配绿盔绿甲。各带弓持箭，跨鞍勒马，听候指挥。曹操看步阵完毕，便传下令来，有能射中箭垛红心的，便将锦袍赐赠；

如射不中，罚酒一杯。

号令刚下，还没等荀彧宣布开始，红袍队中，一位少年将军纵马奔出。众人一看，是曹操的侄儿曹休，字文烈。曹操眼前一亮，只见他发髻高耸，蚕眉凤目，面如冠玉，举止敏捷。绕场奔了三圈之后，搭上箭，拽满弓，一箭射去，正中红心。惊呼骤然响起，众人齐声喝彩。曹操在台上望见，忘情地鼓掌称贺："我侄儿果然武艺精湛，先声夺人，出手不凡。"说着，便要让人取下锦袍，赠给曹休。曹休一脸英气，直奔台前。

这时，只见绿队中一人骑马奔出，高声喊道："丞相赠袍，理应让俺外姓人先夺，不能徇私，让曹家人抢先。"曹操循声望去，见一将银盔银甲，相貌堂堂，立在中央，一下便认出是文聘。在场的有人附和说："比箭嘛，要比个公平，看看文聘的箭法怎样再赠锦袍不迟。"说时迟，那时快，文聘纵马向前，拉弓搭箭便射了出去，不偏不倚，正中红心。围观人叫好连声，金鼓又敲了起来，文聘掂弓骑马，奔到台前，高声喊道："我已射中，快把锦袍给我！"

话音刚落，只见红队中一将飞马出列，声如洪钟："文烈先射，你文聘为什么要来争夺？你们二人不要慌着抢锦袍，看我和你俩分个高低。"话音刚落，马还未停，弓已拉满，一箭发出，又中红心。众人还没弄清楚怎么回事儿，半路又杀出一个人来，箭术如此高超。众人又是齐声喝彩，纷纷叫好。曹操望去，原来是自己的堂弟曹洪。顿时十分高兴，便吩咐荀彧去取锦袍，赠给曹洪。

这时没想到绿队中又奔出一员大将，举着弓高声喊道："慢着，不要急于取袍。他们三人射法都不足为奇，请看我如何射箭可以吗？"众人吃了一惊，举目望去，原来是张郃。他纵马奔到中央，由于勒缰太急，坐马前蹄腾空，长嘶数声才喘息站定。他面向台上，言之激昂："今天比试要看真本事。高低上下，让大家评论好了，得让人心服口服才是，请丞相恩准。"张郃是员降将，因此说话有分寸。

张郃，字俊乂，原是袁绍部下。曹操在官渡击败袁绍后，张郃投奔曹操，被任命为偏将军，封为都亭侯。曹操给张郃人马，让他跟随自己攻打邺城。张郃感恩戴德，冲锋在前，奋力拼杀，在这场战斗中表现得十分出色，受到了曹操的嘉奖。张郃又随着曹操到渤海攻打袁谭，亲自率军大败敌军。在曹操征讨柳城时，张郃担任先锋，因战功卓著，被封为平狄将军，进一步得到曹操赏识。由此可见，张郃不愧为曹操的一员猛将。

曹操望见爱将张郃出马，心中自然高兴，便点头同意。荀彧发话，张郃应诺。他突然翻身朝后，倒骑马上，猛劲拉弓，箭已射出，正中红心，和先前的三支箭挤在一处。全场欢声雷动，齐声欢呼，叫好如潮。张郃纵马到台前，双手抱拳施礼，说道："锦袍该归谁，请丞相定夺。"

曹操喜上眉梢，满面笑容。正要发话，突然一将飞马来到场中，大呼："张俊乂倒骑射箭，何足道哉！看我怎样射中红心。"曹操闻言，不胜惊诧。循声远望，凝神观看，原来是夏侯渊，字妙才。曹操对夏侯渊十分推崇，见他出马竞技，便马上答应，令他射箭。夏侯渊领命，骑马奔出百步之外，回身射去，口中说："射在四支箭中间。"话音刚落，弦响箭飞，正好命中，不偏不倚。众人看得都傻了眼，情不自禁地喝彩叫好。金鼓再次响起，欢声如潮。夏侯渊勒马回转，来到台前，高声喊道："我这一箭可夺得锦袍吗？"

曹操已被夏侯渊的高超射技所感染，一脸兴奋，频频点头。正在这时，绿袍阵中又一大将应声而出，大叫："且慢，留下锦袍给我徐晃！"

徐晃，字公明，河东郡阳县人。他向来争强好胜，今日见夏侯渊射箭夺袍，便跃马奔出。夏侯渊倒也大度，走上前去说："公明有什么射法可以夺了应该归我的锦袍？"徐晃不甘示弱，应声而答："妙才，没有金刚钻，不揽瓷器活儿。妙才能射中红心，不值得炫耀，看我单射取袍。"曹操见徐晃还有高招，便点头应允。没等荀彧发话，徐晃起身，拉弓搭箭，遥望柳枝射去，恰好射断了柳枝，锦袍落在地上。徐晃飞身上前，取过锦袍，披在身上。拍马来到台前，高声喊道："谢谢丞相赐我锦袍！"众人大笑。

徐晃扬眉吐气，勒马要回。猛然间，台边又跃出一个绿甲将军，大叫："你怎么能将锦袍取走呢？快快留下给我！"众人一惊，原来是许褚。

许褚，字仲康，沛国谯县人。他身长八尺有余，容貌威武刚毅，勇猛超群，一直是曹操的心腹爱将。许褚自恃勇力无人能比，见徐晃取走锦袍，心中不服，赶来争夺。徐晃见许褚怒目圆睁，志在必得，便说："仲康，锦袍已到我手，你凭什么来夺，总得讲个道理吧？"可许褚口中振振有词："今日射箭规定是射靶垛，没说是射柳枝。你不讲道理，还有脸责怪我！"许褚说完，拍马前来夺袍。两马相近，徐晃用弓打许褚。许褚顺势一手夺过弓来，一手将徐晃拖离马鞍。徐晃翻身下马，许褚也跳下马。两人揪住便打，曹操急忙派人前去拉架。转眼间，那锦袍已被撕得粉碎。

曹操见状，立刻传令，让两人都到铜雀台上。两人余怒未消，怒目相向，咬牙切齿，拳头紧攥，仍有相斗之意。曹操含笑上前抚慰道："我只是想看一下众将射箭的本领，难道吝啬一件衣服吗？"说过之后，转身传令："请曹休、文聘、曹洪、张郃、夏侯渊等将领登台。"等大家落座之后，曹操笑容满面地说："众爱将今天表现都十分精彩，大慰我心。我有了你们这样武艺高超的将才，何愁不能平定天下。每人赠蜀锦一匹，以示嘉奖！"大家赶紧起身施礼，异口同声地说："丞相英明！"

曹操健步走上前台，朗声说道："今天特意设宴，为阅兵成功和众爱将比武射箭的精彩表演庆贺！请各位入席，开怀畅饮。"众位将领笑逐颜开。纷纷就座。一百多间房里宾客满堂，宴席全开，音乐响起，舞女助兴。文武官员互相敬酒，猜枚划拳。整个铜雀台笼罩在一片喜庆的气氛之中，热情洋溢，盛况空前，有诗为证：

铜雀台成空前功，盛事首推大阅兵。
比武射箭搭平台，群英荟萃展雄风。

曹操创建邺城乐坊的故事

曹操多才多艺，对音乐情有独钟，颇有造诣。曹操传世的二十几首诗歌，全部是乐府，也就是说都是在乐器的伴奏下吟唱的歌词。由于他身体力行，积极倡导，使乐府创作和音乐事业进入一个全新的时代，给整个文化艺术界带来了勃勃生机。

曹操统一北方、定都邺城后，便有了成立一个音乐组织的打算。铜雀台的建成，使他的这种想法更加成熟，一直在思考着由谁挂帅的问题。想来想去，觉得蔡琰最合适。

蔡琰何许人也？她是一代文豪蔡邕唯一的女儿，从小博文强识，谙熟文学，能歌善赋，音乐方面也出类拔萃。六岁时听父亲在大厅中弹琴，隔着墙壁就听出了父亲把第一根弦弹断了。当走过去说给父亲后，蔡邕十分惊讶。女儿回房后，他又故意把第四根弦弹断，竟然又被她指了出来。蔡琰长大成人之后，琴艺更加惊人，闻名京城。董卓之乱时，她被胡人掳到匈奴，被迫成了左贤王的妻子。她在举目无亲的朔漠，孤单单地熬了十二年漫长的时光。后来，曹操知道她的下落后，便派人用重金将她赎回，安排在邺城定居下来。曹操亲自做媒，使她结婚成家。

这天晚上，曹操亲自来到蔡琰家中，和她商量成立邺城乐坊的事情。

曹操的突然到来，使蔡琰受宠若惊，赶紧出门相迎。两人有说有笑，走进厅内。曹操落座，蔡琰沏茶倒水，放到桌上，满口感谢。曹操示意她坐下，关切地说："我经常带兵在外，照顾不周，请多见谅。"蔡琰满目含情，面额泛红，赶紧说道："丞相对我恩重如山，我将终生难忘。滴水之恩，将涌泉相报啊。"

"夫人，你知道今天我为什么来找你吗？"曹操顺着她的话，提出了问题。

蔡琰一听，心存疑惑，不解其意。曹操见她没有回答，便接着说道：“我想拜托夫人一件大事，让你把邺城乐坊组建起来，把你父亲的事业发扬光大！”

蔡琰恍然大悟，如梦方醒，略微迟疑，慢慢说道：“这固然是好事，但我一个女子能行吗？”

曹操见她似有所难，便把话题转换，说：“夫人，你还记得‘蔡氏五弄’吗？”

原来这是蔡邕的名作。当年汉灵帝时期，蔡邕满怀激愤的心情，曾几次上书灵帝，力陈自己对当时政治腐败的看法，希望灵帝整顿朝纲。在他著名的《述行赋》中就明确地提出了宦官奸臣当道的罪行和老百姓悲惨生活的现状。这无疑激起了灵帝的愤怒，并遭到一班宦官的恶意攻击。蔡邕见此情形，怕引起杀身之祸，便乘船悄悄躲到江浙一带避难去了。在这期间，他有幸接触了大量的民间音乐，闲来无事，便弹琴、作曲、著书，同时还以民间歌曲为基础，整理改编了若干首民间风格很浓的琴曲。他所撰写的《琴操》一书，对琴的形制、作用、技法都做了全面的介绍，并对各种题材的数首琴曲做了非常生动的解说，在当时具有广泛的影响。

这时，曹操提出这个问题，蔡琰应声答道：“怎么不记得，是我父亲写的《游春》《绿水》《幽思》《坐愁》《秋思》嘛，当年，我弹得滚瓜烂熟呢！”

曹操接着说道：“文姬，你父亲音乐天分很高，无人能比，不但精通音律，而且还能通过音乐探索人的心理活动。”

提起父亲，蔡琰充满了感情，听得更加专注。

“我听说你父亲在家乡陈留的时候，一位朋友请他去喝酒，他高兴地答应了。等他走到朋友家的时候，里边早已开席，喝得正热闹呢。你父亲正要迈步进去，突然里边传来了弹琴的声音。他止住脚步屏息静听。他听着、听着，感到很不对劲儿，因为琴声中透着一股杀气，而且越来越浓。你父亲当时想：‘真奇怪啊，好端端的请我来喝酒，为什么对我有杀心呢？真是人心难测呀！’想到这里便急忙转身回家去了。你父亲的那位朋友见他这么久还没有来，心中很着急，便唤一个仆人去请，仆人忙说：‘蔡邕先生刚才来过了，不过他在门口站了片刻就走了。’这位朋友大惑不解，便亲自前去请你父亲，顺便问他走的缘由。等到你父亲迫不得已说明情况后，那位朋友也感到十分惊奇，便硬拉着你父亲到自己家去搞清楚真相。当找到那位弹琴人，说明这件事后，弹琴人如实说：‘我刚才在弹琴时，突然看见一只螳螂悄悄地向一只正在鸣唱的蝉爬去，蝉感到有凶敌来犯，便抖动身躯，随时准备飞离，而那只螳螂则高举着大刀般的前爪，对着蝉时进时退，想瞅准机会下手呢。我的心就被这一幕景象吸引住了，心中非常紧张，是不是把这种杀戮之意表现到琴里了呢？’你父亲听后爽朗大笑说道：‘难怪如此呢，看来正是这种情绪的表露啊！’”

蔡琰听过笑了笑说：“这个故事俺倒没听说过，不过我父亲辨别琴声的水平是相当高的，我打心眼儿里佩服！”

曹操接着问道：“文姬，不，夫人。”曹操似乎觉得称呼不妥，赶紧改口。

“就应该叫我的名字，这样不生分，以后不准再叫夫人了。”蔡琰心头一热，急忙有点撒娇地说。

“好，文姬，你知道‘焦尾琴’的来历吗？”蔡琰一听，莞尔一笑说：“这个我曾听父亲讲起过。一次我父亲去吴地闲游，当走到一户人家门口，这家人正在烧柴做饭。我父亲看到这家人用桐木烧火做饭，而且听到木柴燃烧时发出的声音非常清脆，料想这一定是块做琴的好材料，便连忙请主人将这块木料让给他。主人欣然同意了，我父亲回来后就用这块桐木做了一张琴，果然音质圆润，音色优美，真是世上少有的好琴。因为琴尾部分已经烧焦了，所以便给它取了个名字叫‘焦尾琴’。”

“这把‘焦尾琴’还保存着吗？那可是个宝贝呀！”曹操急忙问道。蔡琰一听，脸色由晴转阴，长叹一声说：“都让那该死的董卓一把大火给烧了！”说过之后，愤懑之情溢于言表。

“唉，太可惜了！”曹操击掌而谈，“文姬，你父亲非常耿直，汉桓帝听说你父亲弹得一手好琴，便命令陈留太守把你父亲送到京城，让他为自己奏琴作乐。你父亲不得已只好去了，但他实在不愿为这个腐败的朝廷效劳，所以走到半路上便装病，以此为借口又回家了。后来董卓利用手中的军权掌握了朝廷的实权，便召你父亲到京。你父亲虽然严词拒绝，但终究还是被董卓强行请到了京城。董卓很赏识你父亲的学识和才能，给他很高的待遇。每有宴会，总是让他弹琴助兴。并给了他中郎将的官职，因此我才和你父亲有缘同朝为官，建立了深厚的感情，成为至交。”

听到这里，蔡琰突然觉得曹操的形象在眼前高大起来，一种莫名的崇敬之情涌上心头。“难怪他不惜重金把自己从匈奴赎回，原来他对父亲太熟悉了，对父亲的感情非同一般呀！”

曹操的语调竟然沉重起来，长叹一声说：“文姬呀，你被掳走不久，司徒王允就设美人计让吕布把董卓诛杀了，你父亲也被王允逮捕治罪，不幸死于狱中。”曹操说完，泪水止不住夺眶而出，蔡琰闻言如万箭穿心，不禁放声大哭，成了一个泪人。

沉默良久，曹操抬起头来，揉揉泪眼说道：“文姬，你父亲一世英名，成就卓著，你一定要继承父业，把咱邺城乐坊的重担挑在肩上，让音乐艺术重放光芒，你父亲在天有灵，也会含笑九泉的！”

蔡琰一听，也止住了哭泣，坚强地点了点头。

“文姬，我已在铜雀台给你腾出一层，共二十余间，供你使用，一切乐器我都会派人配备齐全的，你就放心去做吧！”曹操满怀热情地说，“文姬呀，有我做你的后盾，你就不用再有什么心理负担了！”

蔡琰终于下定了决心，一字一顿地说：“丞相对我恩深似海，我怎能不尽力呢?”

曹操见蔡琰应承下来，长舒了一口气，说：“文姬，明天我要在铜雀台举行一场文坛盛会，我想让你现场弹一首《大武》曲子，一来为盛会开场助兴，二来宣布邺城乐坊成立，你看怎么样?”

这是一首歌颂武王率兵推翻商纣王而进行战争的曲子，蔡琰并不陌生。听曹操这么一说，她急速地在记忆中搜索，缓缓说道：“这首曲子，我在洛阳时弹过。只不过时间一长，怕是不熟悉了。”

“文姬，弹过就好，说说还能记起多少?”曹操高兴地急忙问道。

蔡琰明显被曹操的激情所感染，凝眉沉思片刻，慢慢说道：“整个曲子共分六段：第一段表示号召天下人赶快聚集在义旗之下，去推翻纣王暴政；第二段立刻转入激烈的战斗气氛中，表示早已掌握了时机；第三段表示在灭了商朝以后，继续挥师向南，进兵淮夷；第四段表示南方的疆域已经巩固，呈现出万邦来朝的气势；第五段表示周公在左，召公在右，协助周王统治，国泰民安；第六段表示对周王的尊崇，是全篇的主旨。”

曹操听过，喜上眉梢，乐在心间，连胡须都兴奋得抖动起来，惊叹道：“文姬呀，我算没看错人，你不仅才艺超群，而且记忆力惊人呀！你一定能把这首曲子弹好，为邺城乐坊的成立开个好头。不过在开头中间结尾要注重三点，这样才会更加感人肺腑，催人奋进。”

“哪三点呢?”曹操这么一说，蔡琰顿时来了兴趣，应声问道。

曹操恳切地说：“第一段要先声夺人，琴音高亢，表现出强大的王师早就训练有素，严阵以待了。时机已到，时代已大放光明，马上就要披甲执戈参加战斗。武王恭敬地继承了先帝文王的大业，勇敢的将士们都将效力于先王的继承者武王，因为唯有他的大业才是光明无限的。”

曹操喝了一杯茶，清了一下嗓子，接着说道：“第二段要重点强调文王的基业让武王继承下来，发扬光大，武王讨伐殷商是为了求得安民而立国，周朝承受了这一天命必将延续无穷。最后一段要推向高潮，表明绥靖万方，年年丰收，上天对于周朝永远保佑。英勇的武王以天威征服了四方，安定了国家，他的威德已经照耀到上天，他是代表上天来主宰人间的。文姬呀，你弹奏时一定要把这种感情融汇进去。”

曹操慷慨陈词，情感炽烈，使蔡琰格外钦佩。听到曹操一在直呼自己的名字，感到十分亲切，心荡神驰。

第二天，在一片热烈的气氛中，蔡琰登台表演。她打扮得格外精神，楚楚动人。面对台上端坐的曹操脉脉含情，刚一落座便进入了角色，沉醉在曲子的意境之中。只见她玉手轻挑，琴声骤起，如惊涛拍岸，暴雨突至，一下子便镇住了全场，激越清脆的琴声回荡在长空之中。接着琴声放缓，如溪水叮咚，杨柳婆娑，似有千万伏兵，屏息待发。突然琴声由低而高，声声加重，层层加急。如银瓶乍破，刀枪齐鸣，动人心弦。俄而琴声悠扬，又是段欢快的节奏，韵律优美，娓娓动听。最后琴声高亢，响遏行云。如战鼓擂响，号角争鸣，像千军万马，健步出征，真让人心潮澎湃，热血沸腾。人们都陶醉在曲子营造的氛围之中，人人凝神倾听，个个专心欣赏，像着了魔似的一动不动。音乐达到高潮，琴声戛然而止。台上台下，掌声如雷，欢声如潮，恰如排山倒海，风啸山林。

蔡琰拂袖而坐，颔首躬身向大家致意。她面如三春之桃，眸含秋波，眉目传情，显得更加妩媚动人。刚要离台，曹操早已疾步走上前来。他望着台下高声说道：“今天蔡琰的表演非常精彩，果然技艺绝顶，不愧为一代名师蔡邕的传人。现在我宣布一个好消息：为了推进邺城音乐事业的发展，丰富咱们魏国的社会生活，从今天起邺城乐坊正式成立了，由蔡琰具体负责操办！”曹操拉着蔡琰走上前台，蔡琰环视众人，频频躬身致意。全场顿时欢声爆发，如山呼海啸，电闪雷鸣，喝彩之声，震耳欲聋。

从此，邺城乐坊便红红火火地兴办起来。由于蔡琰德才兼备，组织有方，全力以赴，短短几年取得了卓越成就，为建安时代的音乐事业发展做出了重大贡献。

曹操和蔡琰谈论乐理的故事

邺城乐坊的成立，了却了曹操的一个心愿。如何使邺城的音乐事业迅速发展起来，曹操可没少花费心思。在这方面，曹操和蔡琰志同道合。这天晚上，他特意安排和蔡琰进行了一次倾心畅谈。

星星点灯，月光如水。忙碌了一天的曹操离开了丞相府，来到了蔡琰的家。刚进门，悠扬的琴声从室内传出，婉转轻柔，如黄莺啼鸣，玉落铜盘，曹操情不自禁地驻足谛听。

那美妙清脆的声音，如春风吹拂杨柳，似细雨滋润大地，像溪水潺潺流淌，若垂柳婆娑摇荡，令人心醉神迷。曹操终于忍不住掀开门帘走了进去，抬眼一看，只见蔡琰端坐琴前，格外妩媚动人。听见脚步声，蔡琰回头一看，见是曹操，便赶紧站了起来，很礼貌地说："不知丞相到来，有失迎接。"曹操笑容可掬，应声说道："文姬，不必客气，你弹得太美了，我已恭听多时了。"蔡琰微微一笑说："胡乱弹一些曲子，请勿见笑。"这时仆人走了进来，说："饭菜已好。"蔡琰吩咐再添酒来，然后对曹操说："这里比不上您府上，就随便吃点便饭吧。"曹操说："文姬，我向来反对铺张奢侈，这你是知道的，越简单越好，不必破费。"

不一会儿酒菜上齐，两人落座。蔡琰倒上一杯，双手捧到曹操跟前，再次表示感谢。曹操高兴地端起来一饮而尽。待蔡琰入座，曹操便郑重其事地开口道："文姬，我今天来主要是跟你商量三件重要事情。"

"什么事？还需要这么神神秘秘的。"蔡琰抿了一口酒，面庞泛红，一双杏眼盯着曹操问道。

"文姬，你在文坛盛会上弹的那首《大武》的曲子，真令人鼓舞，催人奋进啊！当时，我巡视会场，没有一个不激动的，有不少人情不自禁地跳了起来。我想让你把这首曲子改成出征曲，这样仅是琴就不够了，要配以笙、磬、箫、筝、钟等乐器，那样就更加雄浑高亢，富有感染力。我想每次出征的时候就演奏这支曲子，把这定为军歌，为三军壮行。这样定能鼓舞士气，增强信心，提高将士的战斗力。”

曹操说得认真，蔡琰听得仔细，两人又碰了一杯酒。蔡琰开口说道：“丞相，感谢您对我的信任，这既需要人，又需要时间啊！”曹操见蔡琰没有推辞，兴致更高，说：“文姬，这个你尽管放心，你说怎么办就怎么办！”

“看，饭都快凉了，咱一块儿吃吧！”蔡琰轻声慢语地提醒，使曹操感到时间已经不早了，便拿起筷子。两人边吃边说，谈得非常投机。

吃完饭，蔡琰收拾好碗筷，重新入座，开口问道：“丞相不是说有三件事吗，还有什么吩咐啊？”曹操恳切地说：“文姬，另外两件事也有求于你呀：一是把这支曲子编成符合现代韵律的诗歌，便于集体合唱；二是排练成为舞蹈供集体演出，这样我们举行庆典，宫中过年过节就有了很好的娱乐了！”

“音乐舞蹈本来就是一体的嘛，你看古代的《云门大卷》《咸池》《大韶》《大夏》不就是这样的吗？”蔡琰闻言，附和着说出了自己的见解。

曹操见蔡琰一下子说到了点子上，喜形于色。他接着蔡琰的话题说：“文姬，当年我听你父亲讲过《云门大卷》。相传是黄帝时代的乐舞。内容是歌颂黄帝创天下之万物，造福于人类，功德像天上的祥云一样，所以叫《云门大卷》或者《云门》。据说黄帝氏族是以天上的云作为图腾的，所以《云门》也可以说是黄帝氏族的图腾祭祀乐舞。《咸池》是传说中尧时代的歌舞，‘咸池’是天上西宫星名，古人认为咸池是日浴之处。司马迁在《史记·天宫书》中记载，西宫咸池是主管五谷的星，人们祭祀它，是为了求得五谷丰登。《大韶》相传为舜时的一部神圣的被视为原始社会水平最高的乐舞，是歌颂舜帝继承了尧帝的德行，为万灵造福的功绩。《大夏》是禹时代具有代表性的乐舞，是歌颂大禹治水功绩的乐舞。”

曹操边回忆边说，等他讲完后，蔡琰吃惊地说，想不到丞相整天忙于军政事务，对这些鲜为人知的音乐知识记得这样清楚，佩服佩服。

“你知道《涂山民妾歌》吗?”说到这里，曹操心灵上撞击出了新的火花，又提出了一个问题。

蔡琰妩媚一笑说：“这是我们国家最早的一首女声独唱，还是最早的一首情歌呢！相传大禹在忙碌于治水工作的途中遇到一位涂山氏民族的女子，这个女子深深地爱上了大禹，但大禹也许忙于公务，也许是出于无意，没有理睬她，继续往南方各地巡查工作去了。这位姑娘深深地爱上大禹，就到涂山南边去守护大禹，并创作了一首歌曲《候人兮猗》，日夜吟唱，如泣如诉，如哀如怨，声情交融，悠扬婉转，非常动人呢!”

“是啊，音乐具有相当的魅力，它的作用往往超乎人的想象。”曹操见蔡琰说得这么动情，便接上了话茬儿，“春秋时期吴国公子季札在鲁国看了《韶》乐的表演后赞叹不已。他说：‘《韶》这部乐舞，真是完善到了空前绝后的地步。天、地、日、月，万物无所不全，无所不合，能欣赏到这样的作品，真是三生有幸啊!’记得孔子有一次在齐国看到了《韶》的演出，感觉已到了如痴如醉的地步，情不自禁地说：‘尽美矣，又尽善矣!’”

蔡琰被曹操讲的故事迷住了，是啊，多少年来，饱经忧患，历经艰辛，这些乐舞在脑海中已经死去。这时，经曹操这么一点，一切在记忆中又迅速复苏起来。

“音乐的作用之大是难以想象的。”曹操继续举例说道，“春秋时期管子在鲁国遭到逮捕，鲁国便把他囚入车中，派人押回齐国。管子唯恐国王后悔会派兵追上来杀死自己。为了能快点回到齐国，管子心生一计，对押送他的那些差役说：‘我为你们唱歌，你们配合我一起唱好吗?’他们欣然同意。他们唱歌与走路的步伐极度吻合，差役们不感到疲倦，很快便到了齐国。果然，鲁国国王后悔送管子回齐，因为齐国的强盛，主要在于管子的尚法思想的治理。如果杀了管子，那么齐国必衰无疑。鲁王急忙派兵追杀，但这时管子早已离开鲁国进入了齐国。这件事我们除了佩服管子的预见能力之外，还十分惊叹管子懂得与情绪相关的音乐能在人的心理上起到相应的积极作用，所以他成功了。我猜想管子所歌的形式一定是领唱与合唱的结合，结果是差役们完成了任务而不疲倦，而管子也达到了自己预期的目的。一举两得，音乐的力量真是不可低估啊！”

曹操的话把蔡琰带到了音乐王国之中，她思绪万千，心往神追，等曹操的话停下来后，她忘情地说：“丞相说得好啊，想不到您分析得这么透彻。音乐的作用确实是十分神奇的，从前韩国有一个女歌手叫韩娥，由于生活困苦，只好以流浪卖艺糊口。有一天韩娥刚刚走到齐国，饿得实在走不动了，就在城门一带卖唱讨饭。她的歌太美了，唱过之后，声音还在房梁上回荡，一连三天不止，人们都以为韩娥还没走呢。现在我们听说的‘余音绕梁，三日不绝’的典故就出自这里。有一次韩娥到旅店求宿，店里的人瞧不起她，就嘲讽她，侮辱她。韩娥受了这样的委屈，真是悲哀至极。就用婉转的歌声哀哀哭泣，当地的老老少少听了之后都垂泪不止，跟着一起悲哀起来。韩娥离去三日后，人们还沉浸在悲哀之中，饭不进，茶不入，晚上都难以入睡，只好赶紧派人把韩娥追了回来。韩娥回来之后，又放开歌喉，为人们唱了一首清新明快的歌曲。人们听了之后便高兴得手舞足蹈，把前几天的悲哀之情忘得干干净净。第二天，人们备了一份丰厚的礼物送给了韩娥，以表示感谢。”

曹操显然被蔡琰的讲述打动了，两只眼睛始终不离她的脸庞。蔡琰刚说完，他便急不可待地评论道：“文姬，音乐确实是充满魅力的，它可以改变人的心理，改变人的精神，改变人的情绪，改变人的性格，具有出神入化的功能。在音乐的影响下，人们会产生无与伦比的力量。这种力量是取之不尽，用之不竭的。但是低级庸俗的音乐也会使人消沉颓废呀，殷商的末代君主纣王是个昏庸残暴之徒，他有一个很坏的王妃名叫妲己。在她的唆使下，纣王整日不理朝政，花天酒地，胡作非为。他利用手中的权力刮取民脂民膏，征用上万民夫，在殷商的京都朝歌修建了一座鹿台。这鹿台修得非常华丽，楼台亭阁全部用美玉珠宝做装饰，真是金碧辉煌，豪华无比。纣王传令天下，大量征集美女进京，供他享乐，搞得黎民百姓哭天喊地，怨声载道。为了满足狂欢作乐，他命人将乐师师延抓来，让他创作淫荡的歌舞。如果不从，就用残酷的炮烙之刑将他处死。师延慑于纣王的淫威，无奈创作了'北里之舞，靡靡之音'。这种音乐听起来能令人神魂颠倒，这舞蹈跳起来能摄魂夺魄。纣王对这种歌舞大加赞赏。在演出的同时，纣王还令人将池里注满酒，周围的树林挂满肉，让青年女子赤裸着身子与一些赤身男子在酒池肉林里互相追逐，荒淫无度地胡闹，通宵达旦地歌舞音乐。最后怎样呢？国破人亡，众叛亲离，身败名裂。"

曹操讲完，长叹了一口气说："这都是沉痛的教训啊！"

蔡琰感慨地说："其实真正第一个昏庸的君王是夏桀，他是一个很坏的君王，整天不问朝事，不顾百姓死活。强迫人民出钱出力，为他修建宫殿，并修了一个专供他自己享乐的瑶台。桀王有个很坏的王妃叫妹喜，为了得到妹喜的欢颜，他能做出一切丧尽天良的事。夏桀终日在瑶台饮酒作乐，玩弄美女。他还命令乐师专门制作了淫荡的歌曲，在瑶台上演出。后来桀被商汤王所灭，而汤王正是纣王的祖宗啊！"

曹操听完蔡琰的叙述，深沉而严肃地说："文姬，前车之覆，后车之鉴，眼下中原刚刚平定，邺城刚刚复兴，我们要创作出一批能够鼓舞人心、催人奋进、昂扬向上的邺城歌舞，这是当务之急，也是治国安邦的重中之重。我把这个担子交给你，你身上的担子不轻啊！"

"说来说去，原来丞相是用心良苦啊！"蔡琰恍然大悟，眼中流露出了复杂的目光，感激、疑惑、钦佩、惊诧等等，"我一定会尽力而为，把邺城乐坊的事情办好，绝不辜负丞相的希望。"

曹操见蔡琰已理解了自己的目的，便接着说道："文姬，这不仅需要组织一班有能力的人，而且还需要办一所学校，把你的知识传授给他们。教和学也不是一件容易的事。秦国有一个著名的歌唱家叫秦青，当时有一名叫薛谭的音乐爱好者跟随他学习歌唱。当学习了一段时间后，薛谭的歌唱水平大有长进，他很得意，自以为将老师歌唱的技能全学完了，就想马上回去。等他正式向秦青提出这要求时，秦青先是摇了一下头，但马上又点头同意了。

“师生在一起生活了很长时间，感情还是很深厚的。秦青执意把薛谭送到郊外，在送别的时候，秦青轻轻打着拍子，为薛谭唱了一首很悲壮的歌曲。他的声音是那样洪亮，音腔是那样的圆润，曲调是那样的优美，简直能使林间的树木震撼，能让天上的彩云停止不动。薛谭闻此大惊失色，知道自己差得太远了，连忙向老师道歉，请求他留下自己继续学习演唱。这就是说做一名教师要悉心传教，全力以赴。一定要使学生掌握精髓，达到精准、精湛、精粹、精妙的地步。歌唱气息要流畅，要控制声音的高低，要有共鸣位置，声音要纯正鲜亮，声腔要婉转圆润，吐字要清晰准确。”

蔡琰见曹操说得头头是道，便顺势说道：“关键要有悟性，要看一个人的理解程度。春秋时有一个著名的音乐家叫俞伯牙，他从小天赋聪明，又很喜欢音乐，于是他便拜当时很有名气的琴师成连为老师，学习了三年，琴艺大为长进。伯牙已经成了当时很有名的琴师了，但是他时时感到内心空虚，演奏时心神不能合一，在艺术上还达不到更高的境界。为此他经常非常苦闷，伯牙的老师知道了他的心思后，便对他说：‘我已把自己的技艺全都给你了，而且你学习得很好。至于音乐的感受力、悟性等方面，我自己也没学好，我的老师方子春是一代宗师，他不但琴艺高超，而且对音乐有独特的感受力，教学的方法也是相当高的。他现住在东海那个岛上，我带你去拜见他。你跟他继续深造，你看好吗？’伯牙闻言大喜，连声说好，并一再感谢成连老师的再造之恩。

“他们准备了充足的食物后，便乘船往东海进发。一天，船行至东海的蓬莱山，成连对伯牙说：‘你先在蓬莱山稍候，我去接你的太老师马上回来。’说罢，划着船便离开了。可是过了许多天成连都没回来，伯牙很伤心，他抬头望见大海波涛汹涌，海鸥穿浪翱翔，整个海岛一片寂静，只有鸟儿在哀鸣，像在唱着忧伤的歌。伯牙心中很忧伤，加上周围的景象，不禁触动心弦，仰天长叹，有感而发，便即兴弹了一首曲子。记得歌中这样唱道：‘洞庭湖的水啊，碧波无边。船划走了啊，老师不回还。将我之身啊，移到蓬莱山。我孤独忧伤啊，老师为什么还不回还？’这首乐曲就是流传很久的《水仙操》，也可以说是伯牙的第一首作品。十天后成连终于划船归来，听了他的演奏后，大为赞赏。伯牙也明白了老师的一片苦心，师徒二人满意而归，从此伯牙便成了天下闻名的大音乐家了。”

曹操饶有兴趣地听着，勃然而生激动，说：“文姬，这就是你说的悟性啊！我明白了，成连借口带伯牙去东海寻找所谓太老师，实际上是他让伯牙在大自然中寻求一种感受。伯牙身处孤岛，整日与东海为伴，与树林飞鸟为伍，感情很自然地发生了变化，陶冶了心灵，真正体会到了艺术的本质，这样才能创作出真正的传奇之作。所以我是否可以这样下结论：伯牙学琴的过程就是一个寻求艺术美的过程，是一个悟的过程，也是一个情感升华的过程？”

蔡琰放声大笑，满脸春色地说：“丞相说得太对了，一语中的，真不愧为点评高手啊！对了，你知道孔子学琴的故事吗？”蔡琰想再表明另一层意思，便提出了一个新的故事。曹操望着蔡琰，想听她继续讲下去，便应声而答：“略知一二，愿听其详。”

蔡琰抿了一口酒，情绪更加高涨。她继续说道：“当年孔子访问卫国时，突然遇到了旧友师襄。师襄是很著名的琴师，那时正好在卫国宫廷谋事。孔子请求向他学琴，师襄便应承下来。他教了孔子一首曲子，孔子练习得很认真，几天以后孔子便能很流畅地演奏下来。

“师襄说：‘你学得又快又好，我再教你一首新曲子吧。’孔子说：‘还不行，我虽然能把曲子全部弹下来，但对其中的拍子特点和节奏规律还没有掌握好，再练习几天吧。’过了几天，师襄又听他演奏了一遍，果然曲调流畅，拍子的强弱和节奏特点也大不相同了。师襄说：‘这次弹的曲子确实与上次大不一样，真是太好了，现在我们学习新曲子吧。’孔子说：‘还不行，拍子和节奏的问题解决了，但是对音乐的风格和旋律的韵味还没有完全吃透，还得再练几天。’又过了几天，师襄再听他演奏一遍，顿觉吃惊，说：‘妙极了，这首曲子全部美的特点你都弹出来了，我们现在就开始弹新曲子吧。’孔子一边沉思，一边缓缓地说：‘还不行啊，我总觉得这首曲子的内涵和意境还没有把握好，表现的深度还不够啊！’此后孔子一直不断地思索研究，边弹边推敲边练习，终于把握了这首乐曲的真谛。

“孔子这才把师襄找来，充满深情地把曲子弹了一遍，然后说：‘这首曲子真好啊，充满了激情，寓意深刻，曲调淳朴优雅。这首乐曲的作者一定是位胸怀博大、意志坚强、德行高尚而且具有王者风度的君子。从古到今，这个人能是谁呢？难道是周文王？是的，除了他，谁还能写出如此高雅的作品来呢？’师襄这时眼睁得圆圆的，半晌才惊诧地说：‘你太伟大了，这首曲子叫《文王操》，正是周文王写的呀！’”

蔡琰绘声绘色的讲述，让曹操真有点着迷了。她的话音刚落，曹操既佩服又尊敬地说：“文姬，你这是说学习要执着追求，刻苦磨炼呀！加上你刚才说的要靠悟性，这两点至关重要，确实是经典之论。你能有这样深的认识，这样传授技艺，还愁我们邺城音乐舞蹈事业发展不起来吗？你来主持邺城乐坊，真是当之无愧，我一百个放心！”

欢娱嫌夜短，寂寞恨更长。不知不觉朝霞已现，旭日临窗，两人仍兴犹未尽。在曹操的鼎力支持下，在蔡琰的组织推动下，邺城的音乐舞蹈事业开创了崭新的局面。在建安历史上写下了极其光辉灿烂的一页。

曹操举办赛诗会的故事

建安时期，诗赋创作硕果累累，成为我国文学史上的黄金时代，在这方面曹操功不可没。他总是不失时机地支持和鼓励文人积极创作，身体力行地率先垂范，并不遗余力地提供文学创作的平台，极大地激发了他们从事创作的热情，赛诗会便是一种重要形式。铜雀台建成后，他便精心安排了这样一次隆重的活动。

这一天风和日丽，天蓝云轻，山朗水润，柳绿桃红。赛诗会的消息不胫而走，邺城百姓奔走相告，纷纷赶来，十里八乡，呼朋唤友，蜂拥而至。

曹操在铜雀台即将竣工之际，就和曹丕、曹植一起谋划这次文坛盛会。一来可以为铜雀台落成增添喜庆气氛；二来可以把文学创作活动进一步推向高潮，在社会上产生新的轰动。

这一天“建安七子”中除了孔融已死外，其他六人都因铜雀台盛典而聚在了一起。

赛诗会由王粲主持。王粲曾祖父、祖父都在东汉时期位列三公，他十七岁时就任黄门侍郎。由于才学不凡，深得蔡邕的赏识，在一次和曹操饮酒期间，王粲对曹操说：“丞相平定冀州，整顿社会秩序，收录天下豪杰，使人尽其用，百废俱兴，天下恢复，万民拥戴，这些都是夏商周三代开国之君才能做的事情啊。何况丞相文韬武略，空前未有，我们能够投身明公麾下，实属三生有幸啊！”曹操听了他的一番言语，十分开心，便提拔他任军师祭酒。他如鱼得水，好作迭出，声名鹊起。在我国文学史上，曹植、王粲并称“曹王”。梁代大文学家刘勰在《文心雕龙·才略》中誉之为“七子之冠冕”，因此曹操对王粲另眼看待，特意让他担任主持角色。

铜雀台上，文人荟萃，雅士齐集，群贤毕至，高朋满座。铜雀台下万人涌动，规模空前，群情激奋，气氛热烈。曹操见两个儿子招来了这么多四方文人俊杰，十分满意。曹操红光满面，神采奕奕地登台致辞。他朗声而道：“中原平定，政通人和，铜雀台成，万民同庆，正是文人大显身手的时候。诗言志，歌言情，此时不吟诗作赋，岂不负了大好的时光？大凡作诗要尚质崇实，表情达意。只有这样才能成为雅俗共赏的好诗名赋。最忌讳无病呻吟，词不达意，矫揉造作，故弄玄虚。今天文坛盛会，机会难得。希望各位才俊尽展才华，直抒胸臆，不需拘束，看谁技高一筹，写出精品。”

曹操的一番话，点燃了众人的热情。气氛顿时活跃起来，大家莫不跃跃欲试，先吟为快。当即有王朗、钟繇、王粲、陈琳等一班文官争先登台吟诵，进献诗章。其中多有称颂曹操功德巍巍，合当受命于天，登基称孤的含义。曹操一一听完，笑着说道：“众官辞章，文辞不错，各有千秋，但对我的赞美过高了，实在不敢承受。我年轻的时候就被举为孝廉，后来天下大乱，我在老家淮县东五十里的地方过隐居生活。本想发愤读书，秋冬射猎，等到天下太平的时候，再求取功名，没想到朝廷封我为典军校尉。圣命难违，于是改变了初衷。全力以赴为国家讨贼立功，只求死后墓碑上留下‘汉故征西将军曹侯之墓’，平生就心满意足了，别无他求。回想起自讨伐董卓以来，剿黄巾、除袁术、斩吕布、灭袁绍、定刘表，立下功业，自己感觉到了一点安慰。现在我身为丞相，位于一人之下，万人之上，功成名就，我还有什么奢望呢？我今日和大家吐肺腑之言，再不要提废立称帝之事，使我留千古骂名！”

曹操一番恳切坦诚的话语，使众官无不动容，纷纷起身施礼说道：“丞相高风亮节，忠心可昭日月，虽伊尹、周公也比不上啊！”王粲见状，心知应换个话题，活跃气氛，激起文人的兴致，便走上前台，郑重地说道：“曹子建才高八斗，学富五车，今春光明媚，惠风和畅，值此铜雀台盛典之际，定会文思泉涌，诗兴大发。下面请子建即兴写一篇《铜雀台赋》如何？”曹操一听，情绪陡转，面带喜色，点头同意。众人多知曹植才华横溢，出手不凡，便齐声叫好，全场一片应和之声，莫不想一睹少年诗人风采。

曹植见王粲点名，众人响应，父亲又用慈祥的目光看着自己，本想推让，让曹丕先来，情知推托不过，又想恭敬不如从命，便走上前台，神情庄重地说：“仲宣老兄过奖了，今日才子云集，高手如林，人人才华盖世，个个胸怀绝章，这一点我是深有感触的。既然仲宣兄点名，我就权且献丑，以抛砖引玉。”于是铺纸提笔，一气呵成。

从明后以嬉游兮，登层台以娱情。
见太府之广开兮，观圣德之所营。
建高门之嵯峨兮，浮双阙乎太清。
立中天之华观兮，连飞阁乎西城。
临漳水之长流兮，望园果之滋荣。
立双台于左右兮，有玉龙与金凤。
连二桥于东西兮，若长空之虾蝀。
俯皇都之宏丽兮，瞰云霞之浮动。
欣群才之来萃兮，协飞熊之吉梦。
仰春风之和穆兮，听百鸟之悲鸣。
天云垣其既立兮，家愿得而获逞。
扬仁化于宇内兮，尽肃恭于上京。
惟桓文之为盛兮，岂足方乎圣明！
休矣美矣！惠泽远扬。
翼佐我皇家兮，宁彼四方。
同天地之规量兮，齐日月之晖光。
永贵尊而无极兮，等君寿于东皇。
御龙旗以遨游兮，回鸾驾而周章。
恩化及乎四海兮，嘉物阜而民康。
愿斯台之永固兮，乐终古而未央。

在这里需要告诉读者的是，《三国演义》中，孔明用计激周瑜时，巧妙地把《铜雀台赋》中的“连二桥于东西兮，若长空之虾蝀”改成“揽二乔于东西兮，乐朝夕之与共”，以此激怒周瑜，坚定他主战的信心。在原赋中“虾蝀”就是“虹”，二桥指从铜雀台起步，连接玉龙台和金凤台的两座桥。

古代的“桥”和“乔”是通假字，恰好周瑜和孙策的妻子是小乔和大乔，所以很容易产生错觉。看来《三国演义》的作者罗贯中不愧为想象高手，也是神来之笔。

书归正传。曹植即兴挥毫，笔下生风，一挥而就，众人看了无不惊诧感叹，拍案叫绝。曹操看过，果然文采华丽，不同凡响。他语重心长地说：“子建，我当初做顿丘令的时候，正是二十岁，想来当时的所作所为，无愧于今。今年你正好二十岁，已经长大成才，一定要努力啊!”曹植听过父亲的话，忙说：“父亲就是儿子楷模典范，孩儿学习不尽。一定加倍用功，不负父亲厚望。其实刚才仲宣点名，我真有点儿犹豫。本来应该我哥先写，这样才合乎长幼礼数。可又恐父亲多心我没有胆量，所以只好勉为其难，还请父亲原谅孩儿冒昧之过。”曹操听过，笑意拂面，兴奋地说：“子建能有此心，我很高兴，兄弟之间就要讲个相敬相让。现在就请丕儿也以‘铜雀台’为题写一篇赋，大家说好吗?”曹操话语一落，众人齐声说好，望着曹丕报以热烈的掌声。

曹丕早有准备，前几天已写下的稿子，本来想曹植既然已经写过，自己文采不如，也就罢了。不料父亲又点自己的名字，无理由推托，便应声而说：“子建才思敏捷，文采出众，我也信手涂鸦，以博一笑，大家不要见怪，请多海涵指正。”于是走到案前，拿起笔来，蘸墨铺纸，挥毫写道：

登高台以骋望，好灵雀之丽。
飞阁崛其特起，层楼俨以承天。
步逍遥以客与，聊游目于西山。
溪谷纡以交错，草木郁其相连。
风飘飘而吹衣，鸟飞鸣而过前。
申踌躇以周览，临城隅之通川。

贾诩向来推崇曹丕，看着曹丕落笔，率先叫好，说：“文笔精练，描写形象，用词新颖，大气磅礴，的确很有功力啊！”崔琰也偏爱曹丕，在众人的掌声中对曹丕大加赞赏：“文赋贵在立意新颖，破解自然，子桓用‘骋望’入笔，统领全篇，层次分明，节奏紧凑，对仗工整，选材精当，确实很有底蕴啊！”

曹操在一旁发话道：“赋不在长而在于精，关键是恰到好处，意蕴丰厚。子桓、子建各有所长，子桓细致入微，子建大气磅礴，在此咱就不再多讲。今天是群英聚会，才子荟萃，大家拿起笔来尽抒心意，下面我们开始赛诗怎么样?”掌声骤然响起，气氛顿时又热烈起来。王粲张口吟道：

昊天降丰泽。百卉挺葳蕤。
凉风撤蒸暑。清云却炎晖。
高会君子堂。并坐荫华榱。
嘉肴充圆方。旨酒盈金罍。
管弦发徽音。曲度清且悲。
合坐同所乐。但愬杯行迟。
常闻诗人语。不醉且无归。
今日不极欢。含情欲待谁。
见眷良不翅。守分岂能违。
古人有遗言。君子福所绥。
愿我贤主人。与天享巍巍。
克符周公业。奕世不可追。

一阵掌声过后，刘桢登台。他环视全场，朗声而诵：

永日行游戏。欢乐犹未央。
遗思在玄夜。相与复翱翔。
辇车飞素盖。从者盈路傍。

月出照园中。珍木郁苍苍。

清川过石渠。流波为鱼防。

芙蓉散其华。菡萏溢金塘。

灵鸟宿水裔。仁兽游飞梁。

华馆寄流波。豁达来风凉。

生平未始闻。歌之安能详。

投翰长叹息。绮丽不可忘。

曹植带头鼓掌叫好。他太了解这位知心好友了，自刘桢偷窥甄氏被曹操判刑以来，心情一直不好，最后挽留不住，竟回到老家当起田舍翁来。他好不容易把他请来，也想借此机会激励一下他的诗情。

接着，陈琳、阮瑀、应玚、徐干、吴质等先后登台。赛诗台上，精彩迭出，整个台下掌声不断，人们尽情领略着诗歌的魅力，享受着文学的欢乐。看着大家积极踊跃，一展胸怀，曹操对这次文坛盛会给予了充分肯定，鼓励人们多开展这样的活动，促使邺城诗歌创作进一步繁荣起来。最后曹操热情洋溢地说："这次赛诗活动非常成功，非常圆满。令人非常高兴，非常尽兴。我们要优中选优，让钟繇书写出来，悬挂在铜雀台楼中，供人们欣赏！"曹操的话使文人们深受鼓舞，笑逐颜开，心花怒放，全场再次响起了经久不息的热烈掌声。

铜雀台赛诗会取得了圆满成功，人们奔走相告，在整个邺城产生了强烈反响。

曹操举行金秋邺城书法展的故事

曹操不仅积极倡导和发展音乐诗赋事业，而且对书法高度重视。铜雀台建成后，他便亲自组织举办了一次十分隆重的金秋邺城书法展。

这是举国第一次书法展，激起了广大书法家和书法爱好者的滚烫热情。人们纷纷拿出自己的绝招，把自己最好的作品送了过来，将铜雀台整个一层楼都悬挂得满满的。这里除了大书法家梁鸿、钟繇、卫觊、韦诞和崔瑗、崔实父子及张之、张旭兄弟的作品外，还有邯郸淳、孙子荆、桓范等名人之作。尤其是曹操的书法作品放在最前面，格外引人注目。

开展第一天，曹操举行了隆重的开展仪式，发表了热情洋溢的致辞。仪式结束后，曹操和相国钟繇等书法名人雅士一道参观了全部书法作品。

钟繇，字元常。豫州颍川郡长社县（今河南许昌长葛东）人。钟繇早年相貌不凡，聪慧过人。历任尚书郎、黄门侍郎等职，助汉献帝东归有功，封东武亭侯。后被曹操委以重任，为司隶校尉，镇守关中，功勋卓著，升迁为前军师。钟繇擅篆、隶、真、行、草多种书体，在书法方面颇有造诣，推动了楷书（小楷）的发展，被后世尊为“楷书鼻祖”。钟繇对后世书法影响深远，王羲之等人都曾经潜心钻研其书法。与东晋书法家王羲之并称为“钟王”。南朝庾肩吾将钟繇的书法列为“上品之上”，唐张怀瓘在《书断》中则评其书法为“神品”。

这一天，曹操在前，众人相拥，逐幅认真欣赏。在钟繇作品前，曹操评价说：“元常的书法自然流利，平淡直纯，以行云流水之势，将书法之美跃然纸上。不愧为书法经典，大家风范呀！”在梁鸿的作品前，曹操评价说：“孟皇的书法疏密得体，刚柔相济，结构严谨而灵动，笔风淳古而高远，气势凌厉而磅礴。书技精湛，出手不凡，有深功厚底。”曹操在评价韦诞的作品时说：“如龙盘虎踞，剑拔弩张，筋骨分明，刚劲有力。确实出类拔萃，功力超群，令人佩服。”众人对他的评价无不心悦诚服。钟繇在旁，兴致勃勃地引着众人走到曹操作品面前，指着他的作品赞叹道：“魏王的书法，自成一家，运笔精湛。特别是魏王的草书，遒劲洒脱，峻挺奔放，美不胜收，妙不可言。”接着钟繇指着曹操书写的《观沧海》说：“大家看魏王的这部作品，时而如金花撒落，遍地玲珑；时而如荆玉分辉，瑶光璀璨，真是雄健潇洒，精妙绝伦啊。”说到这里，他还不尽兴，又指着曹操书写的“衮雪”两字说：“这幅作品是魏王西征张鲁到汉中，经过栈道咽喉石门（今山西褒城）时，看到河中景象即兴创作，当时在场的人无不佩服。那一带人十分珍爱这幅作品，特意请来工匠将这一墨宝刻在了河水礁石上。大家看这两字生动形象地表现了河水汹涌澎湃，冲击礁石，水花四溅，水大石多又雪浪滚动的情景，真是力透纸背，形神兼备。请问诸公谁能与之相比呢？”众人连声夸赞。钟繇又指着“衮”字说道：“告诉大家一个秘密，这‘衮’字本来是应该有三点水旁的，但魏王却省去了。为什么？”当他提出这个问题时，大家面带疑惑，而不知其意。钟繇神秘地说：“这字刻在河水之畔的礁石上，因一旁是水，所以魏王特意将三点水旁删去。这样，使这个字和大自然融为一体，真是神来之笔呀！非有大胸怀、大气魄、大智慧难有这下笔如有神的创意啊！”这时大家才如梦方醒，使劲儿鼓起掌来。曹操摆手摇头，面向钟繇笑着说道：“元常过奖了，你是当今书法之冠，谁人不知，谁人不晓呢！”大家说着，看着，笑着，不知不觉天色已晚，尽兴而散。

这次书法展在邺城引起了巨大轰动，被人们传为佳话。在曹操的率先垂范和积极推动下，魏国的书法一时出现了空前兴盛的局面，不仅得到了广泛普及，而且艺术水平有了质的提升，涌现出了不少名人大家，对后世产生了重大影响。直到今天在古都安阳仍一脉相承，持续不衰，发扬光大，安阳市被定为“中国书法名城”，成为这里对外的一张亮丽名片。

曹操严格执法赐死儿媳的故事

东汉末年，腐朽没落的东汉王朝分崩离析，军阀混战，社会生产力遭到极大破坏，人民流离失所。曹操虽位居丞相，手中握有大权，但他抱救国救民之志，既开源，又节流。他认为奢侈是最大的罪恶，俭朴是公认的美德。在厉行节俭方面，他不是说说而已，而是一生一贯奉行的准则，并专门为此颁布《内戒令》。他不仅严于律己，而且对家人也严格执法，不徇私情。

相传曹植新婚之后，曹丕把甄氏叫到身边，商量着将珍藏的一件金缕杏黄裙送给曹植的新娘崔婉作为贺礼。

这裙子是有来历的。当年袁术在淮南僭号称帝时，特意找来工匠巧女，花了半年时间，为皇后做了这金缕杏花裙，只等册封大典时穿。可是好梦难成，兵败城破。曹操将所得的金银珠宝全部收入国库，为感谢卞夫人的贤惠体贴，唯独把这件裙子取回，让她珍藏起来，作为纪念。曹丕结婚时，卞夫人觉得甄氏是首房儿媳，便送给了她。但曹操向来以俭治家，一律不准穿绫罗绸缎等华丽的衣服，所以甄氏从未沾过身子。

当时崔婉接过裙子，听说是甄氏送来的新婚礼物，心中很是感激。抖开一看，满室发光。只见裙摆上绣着云纹，前胸绣着一只斑斓大鸟，鸟爪下面是一轮初升的太阳，领围和衣袖上用金缕线嵌着碧玉，心中非常喜欢。在仆人的帮助下，她把裙子穿到了身上，顿时像换了个人似的，光彩照人。揽镜自照，扭动腰肢，金光闪烁，满目生辉。崔婉心想，今天春光明媚，子建正在西园和文人聚会，何不给他一个惊喜？于是喊来了一辆车子，直奔西园去了。

无巧不成书！这天曹操也恰好来铜雀台散步。艳阳高照，清风吹拂，使他心旷神怡。俯视邺城，万象更新，一片兴旺，使他感到了成功的满足。想到自己将来能在这里享受晚年，心里充满了甜蜜。突然他惊呆了，只见不远处树丛中有一女子身着金缕裙在缓步前行。难道是她？他立刻想到甄氏，因为只有她才有这件金缕裙。如果是这样，依法是该处以死罪的。可自己怎么忍心下手呢？就当自己没看见吧。转眼间，他眼中喷出了火焰，心想，为巩固权力而不杀人的君王世上没有。该杀之人不得不杀，不能不杀。于是他喊来了侍从，命把那女子带到铜雀台上来。

当侍从拉扯着把崔婉带到铜雀台上时，曹操先是惊诧，接着便是愤怒。崔婉还是第一次单独和公公见面，既害羞，又害怕。她俯下身子，默不作声，好半天她没有听到声音。她下意识地抬起头来，正巧和曹操那冰冷的目光相对，不由得打了一个哆嗦。一阵难熬的沉闷过后，终于听到了三个简短的字："回去吧！"崔婉如遇大赦，跪下施礼，顺着铜雀台回环的台阶飞也似的跑了下去，乘车回到了家。

这天傍晚，子建兴冲冲地回到家中。白天，一班文人聚会，祝贺自己新婚之喜，使他非常高兴。他特意命人做了几个好菜，拿出一瓶葡萄酒，计划和崔婉一起用餐。见她面色苍白，目光呆滞，便问其中原因。崔婉便如实地讲了曹丕、甄氏送金缕裙、曹操召他到铜雀台的事情。曹植一听，倒吸了一口凉气。崔婉说："我本来想给公子一个惊喜，谁承想让父亲看见了！"说完便哭泣起来。曹植知道事态严重，但强颜作笑，说："真是如此，以后不穿就是了！"

曹植本来想吃过饭后再去向父亲解释，正在这时，忽然门外一阵喧哗，仆人上气不接下气地跑了进来，说："公子，丞相的宣诏使到了！"

子建急忙迎了出去，见身着青衣的宣诏使手捧令书，一脸的威严。只听高喊道："丞相有令在此！"曹植上前接过，上面写道："平原侯夫人衣饰过制，淆乱国纲，赐死。"曹植一下子惊呆了。宣诏使接着说："这里有白绫一条，毒酒一樽，恭请夫人自便！"曹植回过神来，因他和这些差官都认识，便递了个眼色，说："我自会去和父亲解释，收回成命，你们请吧。"

谁知，这一幕被站在不远处的崔婉听得清清楚楚，看得明明白白。崔婉久在闺中，哪能承受住这种压力？宣诏使的话，使她羞辱难当，如雷击顶，她踉踉跄跄地跑回屋中，取出曹植挂在墙上的宝剑，便向自己脖子上抹去。仆人急忙上前去夺，无奈她动作太快，抢夺不及，已血流如注，把窗上的"囍"字都溅落下来。仆人见状，惊得面如土灰，急忙出门去寻找曹植。这时曹植刚把宣诏使送出大门，正要备车去见父亲。忽然听说此事，大惊失色。曹植飞步回到房中，见崔婉已倒在血泊之中，大叫一声，便昏了过去。

唉，一件金缕杏花裙断送了新娘崔婉的性命，真是令人惋惜，又令人痛心呀！

附：曹操名诗赏析

蒿里行

原诗

关东有义士，兴兵讨群凶。初期会盟津，乃心在咸阳。军合力不齐，踌躇而雁行。势力使人争，嗣还自相戕。淮南帝称号，刻玺于北方。铠甲生虮虱，万姓以死亡。白骨露于野，千里无鸡鸣。生命百遗一，念之断人肠。

赏析

《蒿里行》，是汉乐府旧题，为古代的挽歌，汉乐府古辞尚存，见于宋郭茂倩《乐府诗集》中的《相和歌辞·相和曲》。本是齐国东部士大夫、庶民送葬时所唱的挽歌。曹操运用这一哀伤的曲调来写乱世人民的苦难，抒发自己深沉的感慨，内容和调式是很和谐的，这是曹操运用旧体乐府的一个特点。

这首诗被称为“汉末实录，真诗史也”（钟惺《古诗归》）。确实，它反映了自初平元年（190），关东各郡将领起兵讨伐董卓，直到建安二年（197），袁术在淮南（今安徽寿县）称帝这八九年间的重大纷繁的历史事变和社会面貌，重点写各路军阀以讨伐董卓为名而拥兵自重，争权夺利，互相残杀，形成新的割据局面，从而给人民带来深重的灾难。

前四句写诸侯起兵讨伐董卓，以勤王灭贼，号召天下。中间六句写军阀为了争夺权势而互相残杀。这六句又可分为三个递进的层次，“军合力不齐”两句写结义兵之初，已然显露出危机。“军合”，这只是表面上的合；“力不齐”，已预示出分裂的危险。“踌躇”二字写尽这些勤王的英雄畏敌如虎、拥兵自重的心理言行，预示着必然要分道扬镳。“势利使人争”两句则进一步写出他们之间终于为了争权夺利而很快互相杀伐起来。“淮南帝称号，刻玺于北方”两句，则举出其中最典型的例子。袁绍、袁术这两个堂兄弟竟然成了死对头，袁术自己要称帝，大骂袁绍为家奴。袁绍则更阴险，想借用刘虞为帝而号令天下。袁绍出身于四世三公的名门望族，当时兵力最强，其叔父又被董卓所杀，因而自然成了各路诸侯之盟主。曹操在这里举二袁之争，可以概见当时乱世群雄的情形。读了这六句诗，我们仿佛看到这帮军阀从暗斗以至明争，终于打得不可开交的一个历史过程。无怪乎钟惺说曹操："看尽乱世群雄情形，本初（袁绍字）、公路（袁术字）、景升（刘表字）辈，落其目中掌中之矣。"（《古诗归》）"铠甲生虮虱"以下六句写战争给士兵和百姓带来的灾难和作者的感慨。"铠甲生虮虱"写战乱之长，士兵连年征战，人不解甲，马不卸鞍，其苦可知。"万姓以死亡"，写人民在战争中死丧殆尽，可见战祸之烈。"白骨露于野，千里无鸡鸣"，用简括的语言描绘出一幅战乱中的凄凉悲惨的图画。从视觉感受上说，弥望中纵横于野的白骨是那样惨白；从听觉感受上说，茫茫大地死一样的沉寂，没有一点儿生命的气息，鸡鸣狗吠，寻常的庄户声气都不闻于耳了。作者耳闻目睹，自然要痛断肝肠了。作者在写这段纷繁的历史事变时，从大局着眼，从关节处入手，提纲挈领，举重若轻，善于突出重点，使人感到诗人是站在高处，全局在胸，所以用笔自如，简洁有力。从"史"的角度来说，这首诗真不啻就是一首汉末良史。

纵观全诗，最动人的还是作者的"诗情"，从"情"的角度分析这首诗也是脉络分明的。前四句可以说写诗人起初的愿望，"关东有义士"，虽可泛指诸路将领，也可以理解为曹操自指。曹操兴义兵讨群凶是其本心，尤其"初期会盟津，乃心在咸阳"两句，正可谓是曹操开始追求的目标。他想大家合兵于盟津（今河南孟津），对洛阳构成一种进逼的态势，一旦得手，就可打开进攻长安的门户，完成灭贼勤秦王的大计。这在《三国志·武帝纪》中讲得是很清楚的。中间六句写曹操的失望，他没有料到，这些军阀竟然这般卑鄙，因而大有"竖子不足与谋"的感慨，鄙视和痛恨之感溢于言表。他既是伤生民之苦，也是伤自己整顿乾坤宏愿的受挫。从曹操情感发展的线索中，我们可以感受到他以天下为己任，救万民于水火的博大胸怀和深挚情感，这才使这首诗具有撼人心魄的“诗史”的艺术魅力。

短歌行

原诗

对酒当歌，人生几何？譬如朝露，去日苦多。
慨当以慷，忧思难忘。何以解忧？唯有杜康。
青青子衿，悠悠我心。但为君故，沉吟至今。
呦呦鹿鸣，食野之苹。我有嘉宾，鼓瑟吹笙。
明明如月，何时可掇？忧从中来，不可断绝。
越陌度阡，枉用相存。契阔谈宴，心念旧恩。
月明星稀，乌鹊南飞。绕树三匝，何枝可依？
山不厌高，海不厌深。周公吐哺，天下归心。

赏析

曹操诗歌创作的一大成就，是开创了文人“拟乐府”诗歌创作的全盛局面。他的诗特别能表现出他的个性，有政治领袖人物的宏大气魄，本色质朴，抒情浓郁，表现了他高远的志向、坚定的信心、卓越的毅力和雄伟的气势，悲歌慷慨，气韵沉雄。《短歌行》写得高远阔大，有君临天下之气度与坚若磐石的信心和意志，能激发起读者积极向上的奋进精神。

这首《短歌行》的主题非常明确，就是作者希望有大量人才来为自己所用。曹操在其政治活动中，为了稳固他在庶族地主中的统治基础，打击反动的世袭豪强势力，曾大力强调“唯才是举”，为此而先后发布了“求贤令”“举士令”“求逸才令”等，而《短歌行》实际上就是一曲“求贤歌”。又正因为运用了诗歌的形式，含有丰富的抒情成分，所以就能起到独特的感染作用，有力地宣传了他所坚持的主张，配合了他所颁发的政令。

“对酒当歌，人生几何？譬如朝露，去日苦多。慨当以慷，幽思难忘。何以解忧，唯有杜康。”在这八句中，作者强调他非常发愁，愁得不得了。那么愁的是什么呢？原来他是苦于得不到众多的“贤才”来同他合作，一道抓紧时间建功立业。试想连曹操这样位高权重的人居然在那里为“求贤”而发愁，那该有多大的宣传作用？假如庶族阶层中真有“贤才”的话，看了这些话就不能不大受感动和鼓舞。他们正苦于找不到出路呢，没有想到曹操却在那里渴求人才，于是那真正有才或自以为有才的许多人，就很有可能跃跃欲试，向他“归心”了。

“对酒当歌”八句，乍看思想消极，而其实不然。从曹操的性格和行为分析就不难看出，这里讲“人生几何”，并不是叫人“及时行乐”，而是要鼓励人们及时建功立业。如果从表面上看，曹操是在抒个人之情，发愁时间过得太快，恐怕来不及有所作为。但实际上却是在巧妙地激励广大“贤才”，提醒他们人生就像“朝露”那样易于消失，岁月流逝已经很多，应该赶紧拿定主意，到我这里来施展抱负。所以仔细品味便可以发现，诗中浓厚的抒情却包含了相当强烈的政治目的。这样积极的目的而故意要用低沉的调子来发端，这固然表明曹操真有他的愁思，所以才说得真切；但也正因为通过这样的调子更能打开处于下层、多历艰难、又急于寻找出路的人士的心扉。所以说用意和遣词既是真切的，也是巧妙的。在这八句诗中，主要的情感特征就是一个“愁”字，“愁”到需要用酒来消解。“愁”这种感情本身是无法评价的，能够评价的只是这种情感的客观内容，也就是为什么而“愁”。由于自私、颓废，甚至反动的缘故而愁，那么这愁就是一种消极的感情；反之，为着某种有进步意义的目的而愁，那就成为一种积极的情感。放到具体的历史背景中看，曹操在这里所表达的愁绪就是属于后者，应该得到充分肯定。清人陈沆在《诗比兴笺》中说：“此诗即汉高祖《大风歌》思猛士之旨也。‘人生几何’发端，盖传所谓古之王者知寿命之不长，故并建圣哲，以贻后嗣。”这可以说基本上懂得了曹操发愁的含义；不过所谓“并建圣哲，以贻后嗣”还未免说得迂远。曹操当时考虑的是要在他自己这一生中结束战乱，统一全中国。与汉高祖唱《大风歌》是既有相通之处，也有不同之处的。

“青青子衿，悠悠我心。但为君故，沉吟至今。呦呦鹿鸣，食野之苹。我有嘉宾，鼓瑟吹笙。”这八句情味更加缠绵深长了。“青青”二句原来是《诗经·郑风·子衿》中的话，原诗是写一个姑娘在思念她的爱人，其中第一章的四句是：“青青子衿，悠悠我心。纵我不往，子宁不嗣音?”（你那青青的衣领啊，深深萦回在我的心灵。虽然我不能去找你，你为什么不主动给我音信?）曹操在这里引用这首诗，而且还说自己一直低低地吟诵它，这实在是太巧妙了。他说“青青子衿，悠悠我心”，固然是直接比喻了对“贤才”的思念；但更重要的是他所省掉的两句话：“纵我不往，子宁不嗣音?”由于事实上曹操不可能一个一个地去找那些“贤才”，所以他便用这种含蓄的方法来提醒他们：“就算我没有去找你们，你们为什么不主动来投奔我呢?”由这一层含而不露的意思可以看出，他那“求才”的用心实在是太周到了，的确具有感人的力量。紧接着他又引用《诗经·小雅·鹿鸣》中的四句，描写宾主欢宴的情景，意思是说只要你们到我这里来，我是一定会待以“嘉宾”之礼的，我们是能够欢快融洽地相处并合作的。这八句仍然没有明确地说出“求才”二字，因为曹操所写的是诗，所以用了典故来做比喻，这就是“婉而多讽”的表现方法。同时，“但为君故”这个“君”字，在曹操的诗中也具有典型意义。本来在《诗经》中，这“君”只是指一个具体的人，而在这里则具有了广泛的意义：在当时凡是读到曹操此诗的“贤士”，都可以自认为他就是曹操为之沉吟《子衿》一诗的思念对象。正因为这样，此诗流传开去，才起到了巨大的社会作用。

“明明如月，何时可掇？忧从中来，不可断绝。越陌度阡，枉用相存。契阔谈宴，心念旧恩。”这八句是对以上十六句的强调和照应。以上十六句主要讲了两个意思，既为求贤而愁，又表示要待贤以礼。倘若借用音乐来作比，这可以说是全诗中的两个“主题旋律”，而“明明如月”八句就是这两个“主题旋律”的复现和变奏。前四句又在讲忧愁，是照应第一个八句；后四句讲“贤才”到来，是照应第二个八句。表面看来，意思上是与前十六句重复的，但实际上由于“主题旋律”的复现和变奏，因此使全诗更有抑扬低昂、反复咏叹之效，加强了抒情的浓度。再从表达诗的文学主题来看，这八句也不是简单重复，而是含有深意的。那就是说“贤才”已经来了不少，我们也合作得很融洽；然而我并不满足，我仍在为求贤而发愁，希望有更多的“贤才”到来。天上的明月常在运行，不会停止；同样，我的求贤之思也是不会断绝的。说这种话又是用心周到的表现，因为曹操不断在延揽人才，那么后来者会不会顾虑“人满为患”呢？所以曹操在这里进一步表示，他的求贤之心就像明月常行那样不会终止，人们也就不必要有什么顾虑，早来晚来都一样会受到优待。关于这一点，作者在下文还要有更加明确的表示，这里不过是承上启下，起到过渡与铺垫的作用。

“月明星稀，乌鹊南飞。绕树三匝，何枝可依？山不厌高，海不厌深。周公吐哺，天下归心。”前四句既是准确而形象的写景笔墨，同时也有比喻的深意。清人沈德潜在《古诗源》中说：“月明星稀四句，喻客子无所依托。”这说明他看出了这四句是比喻。但光说“客子”未免空泛；实际上这是指那些犹豫不定的人才，他们在三国鼎立的局面下一时无所适从。所以曹操以乌鹊绕树、“何枝可依”的情景来启发他们，不要三心二意。要善于择枝而栖，赶紧到自己这一边来。这四句诗生动刻画了那些犹豫彷徨者的处境与心情，然而作者不仅丝毫未加指责，反而在浓郁的诗意中透露着对这些人的关心和同情。这恰恰说明曹操很会做思想工作，完全是以通情达理的姿态来吸引和争取人才。而像这样一种情味，也是充分发挥了诗歌所特有的感染作用。最后四句画龙点睛，坦言相告，希望人才都来归我，确切地点明了本诗的主题。“周公吐哺”的典故出于《韩诗外传》，据说周公自言：“吾文王之子，武王之弟，成王之叔父也；又相天下，吾于天下亦不轻矣。然一沐三握发，一饭三吐哺，犹恐失天下之士。”周公为了接待天下之士，有时洗一次头，吃一顿饭，都曾中断数次，这种传说当然是太夸张了。不过这个典故用在这里却突出地表现了作者求贤若渴的心情。“山不厌高，海不厌深”二句也是通过比喻极有说服力地表现了人才越多越好，绝不会有“人满之患”。所以陈沆说：“鸟能择木，木岂能择鸟？天下三分，士不北走，则南驰耳。分奔蜀吴，栖皇未定，若非吐哺折节，何以来之？山不厌土，故能成其高；海不厌水，故能成其深；王者不厌士，故天下归心。”（亦见《诗比兴笺》）这些话是很有助于说明本诗的背景、主题以及最后各句之意的。

总而言之，《短歌行》是政治性很强的诗作，主要是为曹操当时所实行的政治路线和政策策略服务的。然而它那政治内容和意义却完全熔铸在浓郁的抒情意境之中，全诗充分发挥了诗歌创作的特长，准确而巧妙地运用了比兴手法，来达到寓理于情，以情感人的目的。在曹操的时代，他就已经能够按照抒情诗的特殊规律来取得预期的社会效果，这一创作经验显然是值得借鉴的。同时因为曹操在当时强调“唯才是举”有一定的进步意义，所以他对“求贤”这一主题所作的高度艺术化的表现，也是难能可贵的。

观沧海

原诗

东临碣石，以观沧海。
水何澹澹，山岛竦峙。
树木丛生，百草丰茂。
秋风萧瑟，洪波涌起。
日月之行，若出其中；
星汉灿烂，若出其里。
幸甚至哉！歌以咏志。

赏析

作者开宗明义，点明“观沧海”的位置：诗人登上碣石山顶，居高临海，视野开阔，大海的壮阔景象尽收眼底。以下十句描写，概由此拓展而来。“水何澹澹，山岛竦峙”是望海初得的大致印象，有点像绘画的粗线条。在这水波“澹澹”的海上，最先映入眼帘的是那突兀耸立的山岛，它们点缀在平阔的海面上，使大海显得神奇壮观。这两句写出了大海远景的一般轮廓，下面再层层深入描写。“树木丛生，百草丰茂。秋风萧瑟、洪波涌起。”前两句具体写竦峙的山岛：虽然已到秋风萧瑟，草木摇落的季节，但岛上树木繁茂、百草丰美，给人生意盎然之感。后两句则是对“水何澹澹”一句的进一层描写：定神细看，在秋风萧瑟中的海面竟是洪波巨澜，汹涌起伏。这儿虽是秋天的典型环境，却无半点萧瑟凄凉的悲秋意绪。这种新的境界，新的格调，正反映了他“老骥伏枥，志在千里”的“烈士”胸襟。“日月之行，若出其中；星汉灿烂，若出其里。”前面的描写，是从海的平面去观察的，这四句则联系辽阔无垠的宇宙，纵意宕开大笔，将大海的气势和威力展现在读者面前：茫茫大海与天相接，空蒙浑融；在这雄奇壮丽的大海面前，日、月、星、汉（银河）都显得渺小了，它们的运行，似乎都由大海自由吐纳。诗人在这里描写的大海，既是眼前实景，又融进了自己的想象和夸张，展现出一派吞吐宇宙的宏伟气象，大有“五岳起方寸”的态势。这种“笼盖吞吐气象”是诗人“眼中”景和“胸中”情交融而成的艺术境界。言为心声，如果诗人没有宏伟的政治抱负，没有建功立业的雄心壮志，没有对前途充满信心的乐观气度，那是无论如何也写不出这样壮丽的诗境来的。过去有人说曹操诗歌“时露霸气”（沈德潜语），指的就是《观沧海》这类作品。“幸甚至哉！歌以咏志。”这是合乐时的套语，与诗的内容无关，就不必细说了。

作为一个历史上伟大的政治家军事家，作者的气魄是少有其匹的。此时又恰在他北征凯旋踌躇满志之时，主观境界又是少有的亢奋感，他描写的对象又是那无比优美的大海，这些主客观条件同时集于此，可谓千载难逢，无怪乎这首诗能成为一代绝唱，千载之下令人咏之还要激动不已！

龟虽寿

原诗

神龟虽寿，犹有竟时；
螣蛇乘雾，终为土灰。
老骥伏枥，志在千里；
烈士暮年，壮心不已。
盈缩之期，不但在天；
养怡之福，可得永年。
幸甚至哉！歌以咏志。

赏析

这是一首富于哲理的诗，是曹操晚年写成的，阐述了诗人的人生态度。诗中的哲理来自诗人对生活的真切体验，因而写得兴会淋漓，有着一种真挚而浓烈的感情力量；哲理与诗情又是通过形象化的手法表现出来的，因而述理、明志、抒情在具体的艺术形象中实现了完美的结合。诗中“老骥伏枥”四句是千古传诵的名句，笔力遒劲，韵律沉雄，内蕴着一股自强不息的豪迈气概，深刻地表达了曹操老当益壮、锐意进取的精神面貌。全诗的韵调跌宕起伏，开头四句娓娓说理，“犹有”“终为”两个词组下得沉着。而“老骥”以下四句，语气转为激昂，笔挟风雷，使这位“时漏霸气”的盖世英豪的形象跃然纸上。而最后数句则表现出一种深沉委婉的风情，给人一种亲切温馨之感。全诗跌宕起伏，又构思缜密，闪耀出哲理的智慧之光，迸发出奋进之情。艺术风格朴实无华，格调高远，慷慨激昂，显示出诗人自强不息的进取精神，热爱生活的乐观精神。人寿命的长短不完全决定于天，只要保持身心健康就能延年益寿，这里可见诗人对天命持否定态度，而对事在人为抱有乐观主义精神，抒发了诗人不甘衰老、不信天命、奋斗不息、对伟大理想的追求永不停止的壮志豪情。

“神龟虽寿，犹有竟时。螣蛇乘雾，终为土灰。”《庄子·秋水篇》说：“吾闻楚有神龟，死已三千岁矣。”曹操反其意而用之，说神龟纵活三千年，可还是难免一死呀！《韩非子·难势篇》记载：“飞龙乘云，螣蛇游雾，云罢雾霁，而龙蛇与同矣！”“螣蛇”和龙一样能够乘云驾雾，本领可谓大矣，然而，一旦云消雾散，就和苍蝇蚂蚁一样，灰飞烟灭了！古来雄才大略之主如秦皇汉武，服食求仙，亦不免于神仙长生之术的蛊惑，而独曹操对生命的自然规律有清醒的认识，这在谶纬迷信猖炽的时代是难能可贵的。更可贵的是如何对待这有限的人生，曹操一扫汉末文人感叹浮生若梦、劝人及时行乐的悲调，慷慨高颂说道：“老骥伏枥，志在千里。烈士暮年，壮心不已。”

曹操自比一匹上了年纪的千里马，虽然形老体衰，屈居枥下，但胸中仍然激荡着驰骋千里的豪情。他说，有志干一番事业的人，虽然到了晚年，但一颗勃勃雄心永不会消沉，对宏伟理想追求永不会停息啊！据《世说新语》记载：东晋时代重兵在握的大将军王敦，每酒后辄咏曹操“老骥伏枥，志在千里。烈士暮年，壮心不已”。以如意击打唾壶为节，壶口尽缺。这首诗始于人生哲理的感叹，继发壮怀激烈的高唱，复而回到哲理的思辨曰：“盈缩之期，不但在天；养怡之福，可得永年。”

曹操对人生的看法颇有一点辩证的思维，他首先讲尊重自然规律，人总是要死的。接着讲人在有限的生命里，要充分发挥主观能动性，去积极进取，建功立业。

最后再谈到人在自然规律面前也不是完全无能为力的，一个人寿命的长短虽然不能违背客观规律，但也不是完全听凭上天安排。如果经常注意保养，使之健康愉快，也可以延年益寿的。曹操所云“养怡之福”，不是指无所事事，坐而静养，而是说一个人精神状态和身体健康是最重要的，不应因年暮而消沉，而要“壮心不已”——要有永不停止的理想追求和积极进取精神，永远乐观奋发，自强不息，保持思想上的青春。曹操以切身体验表达了人的精神因素对健康的重要意义，从这方面来说，它又是一篇绝妙的养生论。曹操的诗有一种震撼人心的巨大力量，使后代无数英雄志士为之倾倒若狂。

曹操当时击败袁绍父子，平定北方乌桓，踌躇满志，乐观自信，便写下了这首诗，抒写了胸怀建功立业的豪情壮志。此时曹操已经五十三岁了，不由得想起了人生的路程，所以诗一开头便无限感慨地吟道：“神龟虽寿，犹有竟时。螣蛇乘雾，终为土灰。”《龟虽寿》更可贵的价值在于这是一首真正的诗歌，它开辟了一个诗歌的新时代，汉武帝罢黜百家，独尊儒术，把汉代人的思想禁锢了三四百年，弄得汉代文人不会写诗，只会写那些歌颂帝王功德的大赋和没完没了地注释儒家经书，真正有感情、有个性的文学得不到发展。直到东汉末年天下分崩，风云扰攘，政治思想文化发生重大变化，作为一世之雄而雅爱诗章的曹操，带头离经叛道，给文坛带来了自由活跃的空气。他“外定武功，内兴文学”，身边聚集了“建安七子”等一大批文人，他们都是天下才志之士，生活在久经战乱的时代，思想感情常常表现得慷慨激昂。正如《文心雕龙·时序》说：“观其时文，雅好慷慨，良由世积乱离，风衰俗怨，并志深而笔长，故梗概而多气也。”（试看这一时期的作品，常常慷慨激昂；的确由于长期的社会动荡，风气衰落，人心怨恨，因而作者情态比较深刻，笔意比较深长，作品也就常常激昂慷慨而气势旺盛了。）尤其是曹操，鞍马为文，横槊赋诗，其诗悲壮慷慨，震古烁今，前无古人，后无来者。这种充满激情的诗歌所表现出来的爽朗刚健的风格，后人称为“建安风骨”，曹操是最突出的代表。千百年来，曹操的诗就是以这种“梗概多气”风骨及其内在的积极进取精神，震荡着天下英雄的心灵。也正是这种可贵特质，使建安文学在中国文学史上闪烁着夺目光彩。曹操在中国文学发展史上是有卓越贡献的人物，特别对建安文学有开创之功，实在是应当大书一笔的。

薤露行

原诗

惟汉廿二世，所任诚不良。
沐猴而冠带，知小而谋强。
犹豫不敢断，因狩执君王。
白虹为贯日，己亦先受殃。
贼臣持国柄，杀主灭宇京。
荡覆帝基业，宗庙以燔丧。
播越西迁移，号泣而且行。
瞻彼洛城郭，微子为哀伤。

赏析

“诗史”这顶桂冠人们往往奉献给唐代的伟大诗人杜甫，其实这种以诗歌记录现实，展现历史的创作倾向，并不始于杜甫，曹操在这方面就很突出。作为《蒿里行》姊妹篇的这首《薤露行》写了汉末董卓之乱的前因后果，读来就如浏览一幅汉末的历史画卷，展现出当时重大的历史事变及社会生活纷繁复杂的具体面貌，表达了诗人对汉室倾覆，人民遭受乱离之苦的悲伤和感叹。

“惟汉廿二世，所任诚不良”两句，先表明了当时的汉灵帝之死，任用非人，宦官当道，把持朝政的情景。而当时的大将军何进有心收回政权，诛杀宦官。开头两句先表明了当时的背景，也指出了这是动乱的源头。

“沐猴而冠带，知小而谋强”，此句讥刺甚烈，溢于言表。曹操认为何进是个徒有其表的人，就像猕猴戴帽穿衣，硬充人样，然终不成其为人。深刻讽刺何进智小而图谋大事，最终只会落得身败名裂的下场。之后的“犹豫不敢断，因狩执君王”更是表明何进做事犹豫不决，致少帝被劫，成事不足，败事有余。

描述何进此四句经典之处在于，并未详说其如何谋划失算，如何犹豫不决，如何处事不慎，而仅以四句话来刻画他的无能，其中强烈的感情色彩不仅表达了自己对汉末形势的认识，而且使诗句不同于史书式的客观叙述，令其有感人的力量。

然后一句“白虹为贯日，己亦先受殃”写出了天降凶兆的情景，何进也落得了个被杀的下场。看得出前八句主要是以何进为主线而回顾了汉末的历史，曹操讥讽何进胸无谋略，优柔寡断，虽欲铲除宦官，反而误国殃民，身罹其害，造成了君王被持，汉祚覆坠的局面。这八句中不仅是对历史的记录，而且有曹操个人对此的鲜明观点，直抵一篇史论。

“贼臣持国柄，杀主灭宇京”以下便转到董卓之乱。“荡覆帝基业，宗庙以燔丧。播越西迁移，号泣而且行”四句中就将汉祚倾覆、洛阳焚毁、挟帝西迁及百姓受难等悲惨的场面和盘托出，读者不得不佩服诗人笔墨的简练及驾驭语言的能力，其气魄的沉雄阔大更是显而易见的，这六句将董卓给国家与人民带来的灾难揭露无遗。

“瞻彼洛城郭，微子为哀伤”，曹操在结句中，将自己的百感交集凝聚于十字之内，表达的是曹操对汉室倾覆的悲伤与感叹。

整体看来，《薤露行》本是古人出丧时唱的歌，曹操用此古调来写时事，开创了以古乐府写新内容的风气。清代沈德潜说：“借古乐府写时事，始于曹公。”（《古诗源》）这是颇有见地的意见。曹操之所以能以旧瓶装新酒，是因为乐府本身就有“缘事而发”的特点，宜于用来记录史实，抒发情感，同时《薤露行》本身也有悲悼王公贵族之死的意思，曹操用此哀叹国家丧乱，君王遭难，百姓受殃，正有悲悼之意。

曹操的诗，前人都认为具有悲凉慷慨的格调。敖器之说：“魏武帝如幽燕老将，气韵沉雄。”（《敖陶孙诗评》）此诗亦然。此诗的风格古朴质茂，无详尽的细节描写，而能从大处落墨，以高度概括的语言将数年以来的社会变革纳入这数十字之中，其诗的艺术价值，可见一斑。

又有陈明祚说曹操之诗：“本无泛语，根在性情，故其跌宕悲凉，独臻超越。细揣格调，孟德全是汉音，丕、植便多魏响。”（《采菽堂古诗选》）也说明了曹操诗歌的跌宕悲怆情调基于其感情的深厚诚挚与出语的率真朴素。这正是汉诗与后来诗歌的不同之处，如果以声音作比，则汉诗如天籁，纯出自然，而魏晋以后即杂以人籁，不无刻意求工之处，自然浑成的格调已逊汉诗一筹。在此比较之下，更能看得出曹操诗歌的难能可贵，质朴无华。

这首诗在短短八十个字中写出一个重大的头绪，纷乱的时空，广阔的历史事实，从事情起因经过到结局都描述得十分清楚，使人情不自禁地对作者善于叙写大事的才能由衷叹服。这首诗最值得称道的还有作者在叙述中表现出的博大胸怀、深厚情感，一种令人读后不由得不心折、不由得不感动的强有力的人格美，展示了它永不衰竭的艺术感染力。

苦寒行

原诗

北上太行山，艰哉何巍巍！
羊肠坂诘屈，车轮为之摧。
树木何萧瑟，北风声正悲。
熊罴对我蹲，虎豹夹路啼。
溪谷少人民，雪落何霏霏！
延颈长叹息，远行多所怀。
我心何怫郁，思欲一东归。
水深桥梁绝，中路正徘徊。

迷惑失故路，薄暮无宿栖。
行行日已远，人马同时饥。
担囊行取薪，斧冰持作糜。
悲彼《东山》诗，悠悠使我哀。

赏析

建安十年（205），袁绍降将并州牧高干叛乱。次年正月，曹操亲率大军从邺城出兵征讨高干。当大军翻越太行山时，正值大雪纷飞，天寒地冻，行军极为艰苦。曹操骑在马上，写下了这首千古传诵的名作。诗中生动地描写了艰苦行军和冰天雪地中的自然景象，流露了厌战情绪，但主要反映了诗人不畏艰苦、积极向上、充满胜利信心的奋发精神。这首诗前四句白描写景，突出了登太行之艰险难行。第五句至第十句用景物来烘托出诗人内心的凄凉、悲哀、惊惧、沉重和冷森森的压抑之情。第十一句至第十四句直接抒情：叹息、忧郁和思归。第十五句至第二十四句，用白描叙述的表达方式写出了行军途中的生活艰苦之情形。全诗语言苍凉悲壮，沉郁浑厚。

诗一开头就引出山势高耸、道路崎岖的太行山区。“北上”二字，不仅表明了由邺城（今河北省临漳县西）到壶关（今山西省长治市东南）的行军走向，而且显示出旆旌悠悠，锐不可当的军容，以此笼罩全篇，气势逼人。紧接着文势一顿，发出“艰哉”的喟叹，先在心理上造成惊恐状态，而后围绕“艰”字写景抒情。这就在布局上避免了平铺直叙，并为下文创造出一个广阔的空间和一种步履维艰的气氛。

“北上太行山”，引出步履是怎样的维艰，“巍巍”叠用，展示出一座高耸入云的大山，挡住去路，呈现出强烈的可望而不可即的感觉。这是写仰望。接下去写平视：“羊肠坂诘屈”，坂曰“羊肠”，又以“诘屈”形容之，则狭窄而多盘旋之势，历历在目。写山写坡，都是纪实，都是从正面落笔；“车轮为之摧！”则是感慨，是烘托。笔法变化而又和谐统一，加强了具体感与真实性。再下去，笔分两头：一方面写自然景色凄苦，另一方面写野兽当道，但又相互交错，以突出行军之艰险。写自然景色，一则曰“树木萧瑟”，二则曰“北风声悲”，三则曰“雪落霏霏”。通过“萧瑟”“霏霏”，写出了景色之阴暗、昏沉、凄凉；通过“声悲”，将客观的物和主观的我融为一体。写野兽，则是“熊罴对我蹲，虎豹夹路啼”。这两句都是写途中多野兽，但上句从形态方面描绘。“蹲”者，熊罴袭人之状也。“蹲”而“对我”，毛骨悚然。下句从声音方面渲染。“啼”者，虎豹清凄之声也。“啼”而“夹路”，倍感悲凉。诗人对阴森可怕的自然环境做了朴实的抒写之后，又对荒凉冷落的社会环境做了深刻的描述。在那低洼近水处行军，很少见到人的踪影，天黑了，竟找不到宿栖之处，还得担着行囊上山拾柴，拿着斧子凿冰取水……这情景写得真切动人，感同身受。

曹操诗不以写景著称，但在写景方面却有独特而成功之处。这首诗的写景就很成功。在诗人笔下，太行山之高，羊肠坂之阻，风雪之交加，树木之摇落，熊罴之状，虎豹之声，莫不逼真逼肖。视觉上，在那兀立的怪石上，萧瑟的树林中，一群群熊罴，不是蹲在那儿以攫取的目光逼视着行人吗？听觉上，从那山路两旁，伴随着风吹雪飘，不是传来了一阵阵虎豹的长嗥吗？这首诗的写景，就其描形、绘声、着色之精湛而言，可与《观沧海》中写景媲美。两诗皆行军途中所作，尽管背景、内容、感情、风格都不同：一是率师出征，一是胜利归来；一是写冬之山景，一是绘秋之海景；一是反映出统帅关切士卒的赤子之心，一是表现了英雄吞吐宇宙之概；一是苍凉悲壮，一是波澜壮阔。但其成功一样，可称曹操诗写景之双璧。

这首诗不仅以写景取胜，而且以抒情见长。这情是以真景真事为基础，因而不论是“叹息”，还是“怫郁”，也不论是“思东归”，还是“悲《东山》”，都真切动人。

首先是叹行军之艰险。在行军路上，既有太行巍巍，羊肠诘屈，野兽逞强，风雪肆虐的险阻，又有“水深桥梁绝”“迷惑失故路”“薄暮无宿栖”

“人马同时饥”的艰难，因而引起了诗人“东归”之思。统帅的一言一行，都关系到士卒斗志的高低，战役的成败。尤其是在开赴前线的路途中，即使艰难重重、险阻累累，作为一个统帅，不能也不应流露出丝毫畏惧、退缩情绪，更不允许直言出来，涣散军心，而诗人一反常规，直言不讳地说：“思欲一东归。”从这种毫不掩饰的言语中，窥察到诗人性格的一个方面：坦率。陈祚明说：“孟德所传诸篇，虽并属拟古，然皆以写己怀来……本无泛语，根在性情。”（《采菽堂古诗选》）钟惺也说：“……如‘瞻彼洛城郭，微子为哀伤’，‘生民百遗一，念之断人肠’，‘不戚年往，忧世不治’，亦是真心真话。”（《古诗归》）这些评论，用于《苦寒行》，也都恰切。

其次是哀生灵涂炭。这一点，尽管只在“溪谷少人民”一句中吐露出来，但从全诗字里行间，都可以感受得到。“溪谷”，山谷有水处。吴淇说：“山居趁坳，泽居趁突。此山行而曰‘溪谷少人民’，则更无人民矣。”（《六朝选诗定论》）这话说得很对。深山区人民聚居的溪谷，尚且少人民，更何况其他地方。东汉末年，军阀混战，千村薛荔，万户萧疏，其惨象，目不忍睹，耳不忍闻。但诗人未做更多的具体描述，而是选择具有代表性的溪谷去写，这就收到了举一隅而以三隅反的艺术效果。“少”字精当。它与下文“薄暮无宿栖”的“无”，前后照应，相互补充，真实地反映了当时极其凄惨的社会现实。同时，也流露出诗人对处于水深火热之中的人民的同情。

最后是“悲彼《东山》诗”。这里有两层意思：《东山》，是《诗经》中的名篇。写一位跟随周公东征三年获得生还的兵士在归途中的歌唱。全诗气氛是悲凉的，基调是凄苦的，反映了战争给人民带来深重的灾难，诗中“伊威在室，蟏蛸在户。町畽鹿场，熠耀宵行”等句，与诗人征高干途中所见略同，因而勾起了诗人对长期征战不得归家的士卒的深切关怀。另外，旧说《东山》是写周公的。汉毛苌说：“《东山》，周公东征也。周公东征，三年而归。劳归，士大夫美之，故作是诗也。”（《诗序》）此处与“周公吐哺，天下归心”（《短歌行》）联系起来看，显然含有自比周公之意。作者曾经说过：

"设使国家无有孤，不知当几人称帝，几人称王。"这话非曹操莫能道出。他还以齐桓、晋文"奉事周室"自许，以"三分天下有其二，以服事殷"自励（《述志令》，见《三国志·武帝纪》裴注引《魏武故事》），而这里又以周公自比，是其真情实意的再次表露。曹操削平群雄、统一北方后，威震华夏，大权在握，废献帝、夺天下，如探囊取物，而曹操不为，实属难能可贵。

这首诗，如果只停留在抒写行军艰险、思欲东归上，那就失之平平了。它高就高在诗人将自身征途之苦同士卒思归之情、广大人民倒悬之急融为一体，将自己的理想抱负同周公事业联系起来，扩大了内涵，升华了主题，因而具有强烈的感染力和巨大的生命力。

这是一首融叙事、写景、抒情为一体的诗篇，它记叙了曹操征讨高干的行军之苦，抒发了诗人关怀士卒的体恤之情，反映了汉末建安年间干戈动乱的社会生活，其内容具有诗史性的文献价值。诗篇在艺术表现方面，有其独特的感人魅力。首先，结构谨严，章法有致。开篇叙事，继之写景，再做抒情，三者交替有序出现。所叙之事清晰了然，所写之景形象生动，所抒之情深刻感人。其次，语言古朴直率，风格慷慨悲凉。全诗不见华彩藻饰之言，只用朴实常见之语，直言其悲凉之事，直抒其慷慨之情。

却东西门行

原诗

鸿雁出塞北，乃在无人乡。举翅万余里，行止自成行。
冬节食南稻，春日复北翔。田中有转蓬，随风远飘扬。
长与故根绝，万岁不相当。奈何此征夫，安得驱四方！
戎马不解鞍，铠甲不离傍。冉冉老将至，何时反故乡！
神龙藏深泉，猛兽步高冈。狐死归首丘，故乡安可忘！

赏析

诗的首六句采用比兴手法。一开头，诗人略一勾勒，便写出了鸿雁的境遇及其春来冬去的候鸟特征。“塞北”“无人乡”强调其孤寂寥落，“万余里”则突出路途之遥。鸿雁万里远征，与同类结伴而行，相濡以沫，处于寂寞凄凉的环境中；它们只能服从节令的安排，严冬则南飞而食稻，阳春则北翔而重回，其辛劳困苦不言而喻。“田中有转蓬”四句为第二层次，诗人没有像通常诗歌那样在比兴后立刻引入正题，而是再用一比兴手法，写蓬草随风飘荡，无所归止，也永远无法回归故土。“相当”意为与故根相遇。“鸿雁”与“转蓬”这两个艺术形象极不相同，鸿雁有信，依节候岁岁而回；转蓬无节，随轻风飘荡不止。但是，它们本质上是一样的，都不得不转徙千万里之外。诗歌写鸿雁举翅“万里”之外，其空间距离感鲜明突出；转蓬“万岁”不能归于故土，其时间漫长感异常强烈。而两者实是互文见义，路途遥、时间长，都是诗人所特别强调的。

在完成了连续的铺垫以后，诗歌第三层切入正题，仅以寥寥六句写征夫之状，却括尽他们艰险苦难生活的内容：一为出征之遥，远赴万里，镇守四方；二为出征之苦，马不解鞍，甲不离身；三为年岁飞逝，老之将至；四为故乡之思，返还无期，徒作渴念。这几方面有紧密关系，而思乡不得归是其关键。唯其愿望不能实现，其思乡之情也就益深。这一层将征夫的深愁苦恨，都在其对现实状况的叙述中宣泄出来。由于前两层中诗人已经用比兴手法渲染了气氛，故这一层所表现的乡关之思显得极为真切和强烈，虽然没有一个愁、苦之类的主观色彩的词语，但本色之语，却更能收到动人心魄的效果。

“神龙藏深泉”四句为诗歌最后一层，诗人于描写正题后又将笔墨宕开，连用神龙、猛兽、狐狸等数个比喻。神龙藏于深泉，猛兽步于高冈，各有定所，各遂其愿，令有家归不得的征夫羡慕不已。“狐死归首丘”典出

《礼记·檀弓》："古之人有言曰：'狐死正首丘，仁也。'"屈原《哀郢》："鸟飞反故乡兮，狐死必首丘。"动物至死尚且不忘故土，远离家乡的征夫们更不能忘。"故乡安可忘"，这极平直的一句话，在全诗的层层衬映、铺垫之下，也具有了震撼人心的力量。

比兴手法的反复使用，给诗歌带来了从容舒卷、开阖自如的艺术美感。诗歌写思乡情结，虽充满悲凉凄切情调，但结处以神龙、猛兽等作比，悲凉中不会显得过于柔绵，反而回荡着刚健爽朗之气，这正是曹操诗的特点之一，也是建安文学慷慨悲凉之特色的体现。全诗丝毫不见华丽词句，唯见其朴实之语。钟嵘《诗品》评曹操诗说："曹公古直，甚有悲凉之句。"从这首诗来看，"古直"二字评价是很中肯的。